横綱・白鵬土俵入り、露払い石浦（右）、太刀持ち炎鵬。2019年秋場所（写真提供：毎日新聞社）

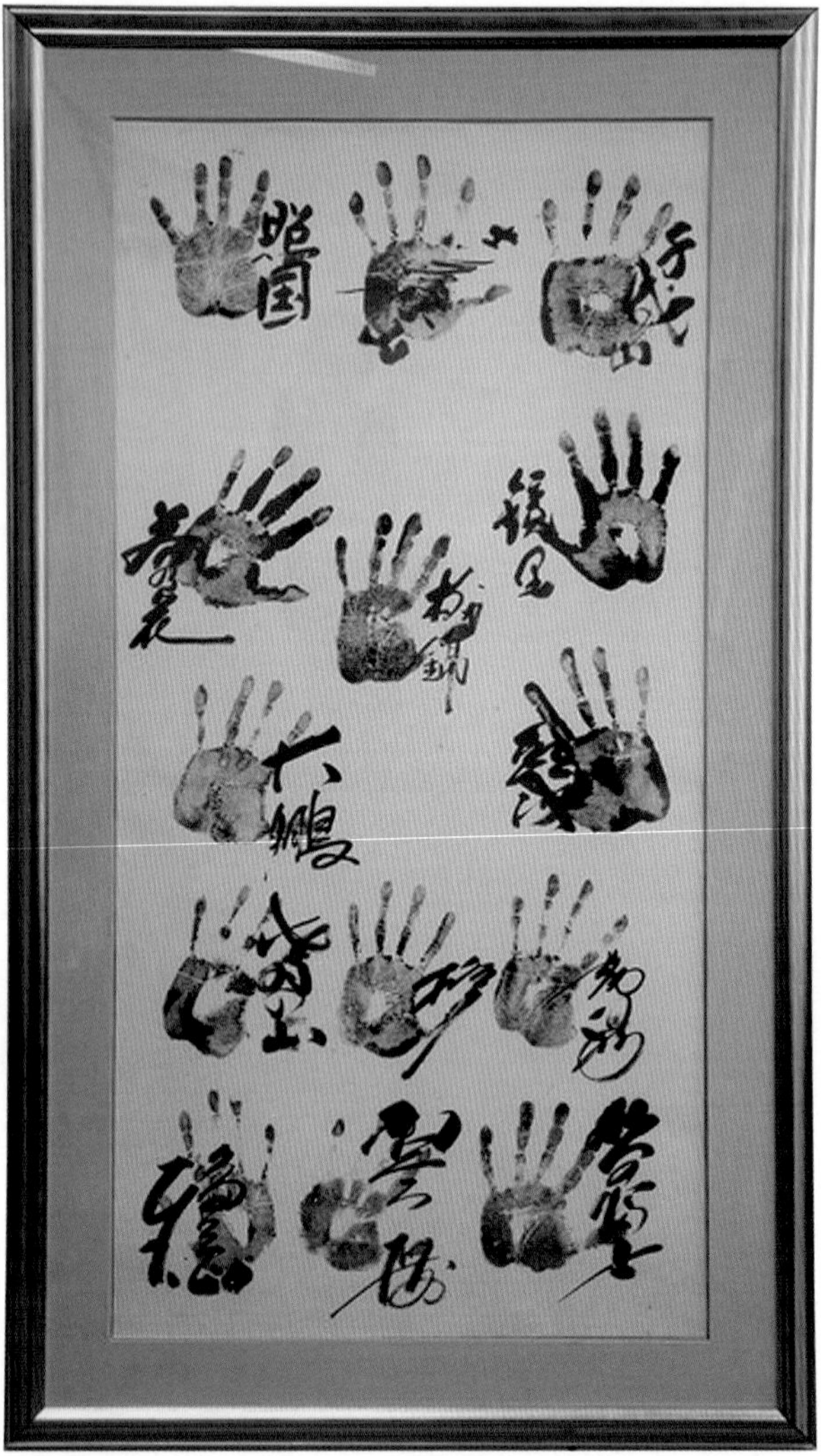

歴代横綱の手形。（株）JCE：飯野誠介社長 所蔵

時評社

浅野勝人

Asano Katsuhito

〈改訂版〉

白鵬翔とのショートメール！

孤独なひとり旅

目次

改訂版：序文——わたしの想い！

「Olympic終わったら、引退します。いつもありがとうございました。白鵬翔」（2021年7月20日、15時49分）

大相撲名古屋場所、全勝で45回目の優勝、千秋楽、翌々日のメールです。「惜しまれて退《ひ》くとは、どういうことか。よくよく心に刻《きざ》んでください」と進言してきた私は、全身の震えが止まりませんでした。

2020年、年の瀬の28日、年賀代わりの横綱からのメールに「絶好調です。稽古が楽しい」とありました。初場所にかける並々ならぬ思いが感じられ、休場続きの暗い環境から抜け出す自信がみなぎっていました。両膝の大手術（2020年8月16日）を克服して、もう一度、土俵に雄姿を見せる〝不死鳥の男〟に秘かな期待感が溢れました。

その矢先、年明け（2021年）正月5日、「白鵬、PCR検査で陽性。即入院」の報道にことばを失いました。コロナウイルスに再起を邪魔されるとは、「神も仏のないものか」とへたり込みました。白鵬自身、どれほど無念の思いに駆られていることか、察して余りあります。

わたしは、3月場所の横綱はコロナから復帰して、絶好調の延長線上にあると思い込んでいました。

初日、2日目と順調に白星を重ね、取組の解説をお願いしている「大相撲TV中継」草分けのNHK名アナウンサー、杉山邦博プロも太鼓判を押してくれました。ですから、3日目の休場届に唖然としました。ところが、場所の直前、「準備は万全ですか」という問いに「膝にちょっと水がありまして……なんとか頑張ります」（3月2日）というメールを思い出し、右膝軟骨の損傷と関節水腫の障害は生易しいものではないことを察知しました。白鵬の怪我の容態を知り尽くしている主治医の先生が、場所前から泊まり込みで付き添っていたことを知り、3日目から休場した理由がわかりました。だから横綱が5月場所を休み、横審からの「注意」（事実上の引退勧告）に対して、「7月場所に進退をかける」と返答したことに合点がいきました。『広辞苑』によりますと、「進退」とは「すすむこととしりぞくこと」とありますが、同時に「自らの責任を上司に仰ぐこと」と説明されており、通常は退くことを前提としています。

7月場所（2021年）の土俵は白星の数よりも15日間全うして引退できれば、以って瞑すべしと思っておりました。故障が奇跡的に癒《い》えて優勝力士のインタビューを聞く夢のような空想を払いのけながら見守りました。ところが、常識では測れない超人の土俵は連日相手を寄せ付けません。全盛期よりどっしりと安定して、呆《あき》れるほど強い。10日目を過ぎると右膝に水がたまって足が動かなくなるパターンを克服して勝ち進む横綱をオーラが包んでいます。45回目の優勝の夢がまさか〝正夢〟になるとは、想《おも》ってもみませんでした。アメリカのプロ野球で、「野球の神さまベーブ・ルースに匹敵する」と評価されているエンゼルスの大谷翔平選手を連想して、名前が同じ「翔」だと思いながら、「相撲の神さま・双葉山に匹敵する」としか言いようがありません。まさに7月、名古屋場所は「Show Time（翔タイム）」でした。

全勝優勝で引退は最高の花道ですが、やはり次の9月場所で新横綱に敗れて、「壁の役目」を卒業したら、引退を勧めようと考えていた矢先でした。引退を告げるメールが届き、〝真《まこと》の勝負師〟の凄《すご》みに肝をつぶしました。「オリンピック終了とともに引退」の特ダネを教えてあげたい相撲担当記者がNHK、朝日新聞、毎日新聞にいますが、これればかりはご勘弁いただきます。

3年前に亡くなった父親と交わした「東京オリンピックまでは頑張る」という約束が、白鵬翔に決断させたのでしょうか。

お相撲のことはシロウトです。たまたま、白鵬翔夫人・和田紗代子さんの父・和田友良氏と懇意な間柄が縁となって、横綱の〝心の相談役〟となったのが、事の始まりでした。門外漢であったのが、却ってよかったのか、古代中国で遠慮なく皇帝に苦言を呈した「諫議大夫《かんぎたいふ》」の諫言を横綱がよく受け止めてくれました。

白鵬翔は、2001（平成13）年3月、初土俵。2007（平成19）年7月、第69代横綱に昇進。朝青龍が引退した後は、〝ひとり横綱〟として大相撲を支え、今日まで14年間横綱に在位。2017（平成29）年には通算勝利最多記録を更新し、優勝45回の記録と合わせて、おそらく、将来、誰も乗り越えられない不世出《ふせいしゅつ》の横綱です。

ひとりの並はずれた力量のアスリートの生き様《ざま》を通じて、人の生き様《よう》を追い求めるエッセイを残す機会に恵まれました。一筋に生き抜こうとする男の心技の機微に触れて、いささかの所信を語ることが許され、とても幸せでした。

改訂版を執筆したのは、土俵人生の正念場を迎えて、怪我と闘いながら自らの責めを果たそうと苦しむ横綱の胸の内を伝える責任が、私にはあると自覚したからです。ところが、なんと驚いたことに、『改訂版』が、多くの出版社が加盟する協会「政刊懇談会」（会長・荘村明彦）の第21回「ほんづくり大賞」の特別賞を受賞しました。ひとり横綱の重責と相撲道のあり様《よう》との狭間で苦悩するアスリートの〝生き様《ざま》〟を赤裸々に記述したことが評価されたのだそうです。大賞に匹敵する特別賞を受賞して満足です。日本・スロバキア友好議員連盟会長を28年間務めて、日本大使館の設置や黒海からカスピ海まで中央ヨーロッパ縦貫道路の端緒となったブラチスラヴァ首都高速道路の建設に寄与したことなどを理由に、スロバキア共和国からアジアでただ一人の「白十字二重章」を受賞した時以来の喜びです。プロ作家の候補作品の中で、唯一のシロウトの著作が認められたのは、読者の皆さん、白鵬ファンの皆さんのおかげです。この上は、土俵の横綱にいただいた読者の皆さまの声援を、年寄・間垣親方に賜りますようお願いいたします。白鵬＝間垣親方は、相撲道を尊重し、力士をスポーツマンとして大切に育てる決意と承知しています。

最後にひと言、悪い癖！　オリンピックの開会式で、横綱の土俵入りを世界に発信して、「日本の伝統文化」を誇るセンスがＪＯＣにあると素晴らしかったのですが……。

読者の皆さまにご報告がございます。

わたしが主宰する一般社団法人「安保政策研究会」の故・宇治敏彦理事は、東京新聞論説主幹として健筆をふるったジャーナリストでした。趣味で「万葉版画」に挑み、独特の作風を確立した才人です。また、大学1年生の折から60年余のお付き合いをいただいてきた安保政策研究会・熊谷一雄オブザーバーは、晩年、一念発起して水彩画を楽しんでいます。無理をお願いして作品を掲載させていただきました。

なお、ご了解たまわりたいのは、本書に登場する方の多くの場合、尊称を略させていただいております。社会的地位が高く実績のある方々を軽んずる意図は全くございません。親しみやすく読んでいただくためでございます。

末尾になりましたが、改訂版『白鵬翔とのショートメール』をご購読いただいた皆さまに幾重にも感謝申し上げます。まことに光栄に存じております。ありがとうございました。

（２０２２年1月17日、横浜・青葉区の自宅作業場にて）

「萬葉版画」（宇治敏彦　作）

第1章　プロローグ

日本で人気の三大スポーツは、野球・サッカー・大相撲です。

このうち日本古来の〝国技〟の相撲は、神代の昔から伝わる格闘技です。『古事記』と『日本書紀』に対戦者の名前が明記された力くらべの記述があります。

競技の形としては、直径4・55メートルの円形の土俵の中で、2人の力士（選手）が組み合って勝ち負けを競います。土俵から押し出されるか、地面に足の裏以外がついた方が負けです。勝負の判定は「行司」というプロの審判員が行います。

17世紀前半の江戸時代初期から力自慢を競う見世物として盛んになりました。そして、今ではNHKテレビが取組を全て放送するので、年6回、15日間の場所（試合）は国民的行事となっています。

外国の競技では、有名な「ブフ」とよばれるモンゴル相撲がよく似ています。中国では「摔跤《シュアイジャオ》」（「転ぶ」という単語。中国式の相撲）に当たりますが、「摔跤」はむしろ日本の柔道、レスリングの類ですから、相撲とはちょっと違うかもしれません。

大相撲力士の格付けは、序の口から序二段、三段目、幕下へと勝ち進んで十両となり、さらに幕内に登って平幕、三役、大関と進み、頂上に登りつめると「横綱」になります。横綱は大相撲最高位の称号です。十両と幕内のお相撲さんは関取です。

現在（２０２０年3月）、横綱は二人、白鵬と鶴竜です。いずれもモンゴル出身の力士です。

35才の白鵬翔＝ムンフバト・ダヴァジャルガルは優勝44回、しかも全勝優勝15回と桁外《けたはず》れの強さで、大相撲の記録を次々と塗り替えてきました。

以上は、北京大学特任講師の私が中国人に「相撲とは何ぞや」を説明するときのコメントです。

エジプトの壁画に相撲の48手！

紀元前４０００年余り前、ファラオが統治していたエジプト。第五王朝時代の宰相プタハヘテプの古墳に、二人の少年が組み合って格闘している壁画が残されており、相撲の取組と似ています。首都・カイロから南に２５０キロのベニ・ハサンは、４０００年前に栄えた古代都市ですが、第十一王朝、バケトⅢ世の古墳に、相撲によく似た格闘技の絵が描かれています。

『相撲の人類学』（大修館書店）によると、裸の競技者が腰に「まわし」のようなベルトを巻くシーンから始まって多種多様な一連の格闘技の技が、まるで映画の連続シーンを見ているように表現されているといいます。この種の格闘技は、世界各地の歴史に残されているに相違ありませんが、〝お相撲そっくりさん〟が古代エジプトにありました。

バケトⅢ世の古墳壁画（写真提供：アフロ）

4000年前に栄えたエジプトの古代都市、ベニ・ハサンには、地方豪族の古墳が39カ所にわたって点在している。その中の一つ、バケトⅢ世の古墳の墓室の壁画に、相撲のような格闘技が描かれている。

――「ほおぉーっ――」

（二子山）親方（初代・若乃花）は、一歩中へ踏み込むなり、声を上げた。その一声がひんやりした古墳の石壁にぶつかって跳ね返り大音響になる。

「ほーっ、これが遺跡か。この絵にある川は、ナイルの川だろう……」

王の棺の間は、四方の壁が無数の絵で囲まれていた。そして、その正面には、長さ十五メートル、六段にわたって、古代の格闘技の型が、二百十九も描かれていた。まとまったものとしては、人類最古の壁画である。……

「ここの王様は、格闘技が好きだったんだろうな……」

「これは内掛けだ」

「浴びせ倒し」

「小股すくい」……

親方は、二百十九の技を一つひとつ丹念に追いながら、興奮を抑えることができない。

「これはもう、本当にすばらしいものだ。これは完全に相撲の技だね。……ここからやっぱりアジアのほうに流れていったんだろうねえ。その当時のことが蘇ってくるよ」……

帰りの渡し船の上、親方にはナイルの川風がこの上なく心地よかったようだ。

「……格闘競技の型が全部で二百二十近く。そのなかで、相撲の決まり手がね、四十八手全部入っているということだね」

「ここが相撲発祥の地なんだねえ」——

（『二子山勝治・相撲ルーツの旅』NHK出版）

知られざる相撲のルーツに西アフリカのセネガル共和国があります。セネガルの相撲は「ブレ」と呼ばれ、日本の相撲にパンチを加えたすさまじい格闘技です。相撲はセネガルの国技で、サッカーと人気を二分しています。決め手の技《わざ》に押し出しがありませんから土俵は要りませんが、勝負の決着は日本の相撲にそっくりです。背中か、ヒジ、ヒザが地面につくか、尻もちをついたら負けです。プロの力士《ブル》が大勢いて、伝統ある試合はテレビで放送されています。プロ選手はリングネーム（四股名《しこな》）を名乗って登場し、なんでも3000人もいるので、競争がことのほか激しいそうです。

セネガルの相撲は、もともと五穀豊穣を祈願して、収穫時期に神に捧げる村々の対抗戦として行う儀式だったようです。ところが、軍事訓練に活用されたり、篤志家が勝った力士に賞金を出したりしたのがきっかけとなって、今のように観客に見せるプロ・スポーツとしての相撲になりました。

【参考文献】（順不同）

『相撲の人類学』（寒川恒夫編著、大修館書店1995）
『相撲』（土屋喜敬著、法政大学出版局2017）
『二子山勝治・相撲ルーツの旅』（石田雄太・NHK取材班著、NHK出版1993）
『相撲の誕生』（長谷川明著、新潮社1993）
『古代インド・ペルシャのスポーツ文化』（松浪健四郎・河野亮仙編、ベースボール・マガジン社1991）

スターリンにストレートパンチ！

過日、白鵬翔が滅多なことでは語らない胸中の秘話を聞かせてくれました。

「私の先祖のゲンデンは、モンゴルの国家リーダーでした。今なら大統領のような立場の政治家です。私の母方の祖母・ドルマ（94才まで長寿。短命のモンゴル人にはめずらしい女性）の姉が、ペルジディーン・ゲンデン夫人です。ドルマの弟は初代日本駐在モンゴル大使のダンバダルジャーですから、もともと日本と縁のある一族でした。

ゲンデンはクレムリンで行われたスターリンとの会談で、モンゴル国とモンゴル人を蔑視した度重なる発言に憤慨して「グルジア（＝現在の国名・ジョージア）人よりはマシでしょう」と応じました。グルジア生まれのスターリンは烈火の如く怒って、さらにモンゴル人を罵倒したため、ゲンデンはスターリンにストレートパンチを見舞《みま》って、銜《くわ》えたパイプをふっ飛ばしてしまいました。

その場は事なきを得たのですが、後日、家族ともどもモスクワに呼び出されました。出向かないと国に災いが及びます。家族そろってモスクワに行きましたが、密かに家族をモンゴルに逃がして、ゲンデンは一人残って粛清されました。あの時、覚悟を決めて家族を逃がしてくれなかったら、今の私たち一族はありません」

ペルジディーン・ゲンデンの肖像写真。（白鵬翔　所蔵）

白鵬は、ゲンデンの写真をスマホに入れて大事に持ち歩いています。

『モンゴル民族の近現代史』によると、ゲンデンは1928年から32年まで人民革命党中央委員会書記長（国家元首、現在の大統領に相当）、32年から36年まで首相兼外相を務めたとあります。またアメリカの歴史事典『HISTORICAL DICTIONARY OF MONNGORIA』には、1924年〜27年「Head of State（国家元首）」だったとあります。

ゲンデンは、1932年7月2日、首相となり、外相、国防相を兼務して、ソ連圧政下で軍事基地化の要求に抵抗しました。ゲンデン首相は、モスクワに呼び出されて、35年12月1日から翌年1月11日まで滞在しています。その時、白鵬が指摘したスターリンとの会見で、ソ連の要求を拒否したため罵倒され、逆にスターリンを面罵し、殴りつけた事件が起きました。

その結果、1936年3月、ソ連の方針に従わない〝好ましからざる首相〟として解任されました。そして、再びソ連に呼び出され、翌1937年11月、処刑されました。

ゲンデンの後をついで首相になったアモルも、逮捕されてソ連に連行され、「人民の敵」として41年7月に処刑されています。

現在では、「モンゴルがソ連の16番目の共和国にならずに済んだのは、ゲンデンがスターリンとの会見で毅然とした態度を貫いたことによる」と評価されており、1990年の民主化とともにゲンデンの名誉は回復されました。

白鵬翔の血筋は、モンゴルの名門です。チンギス・ハーンの血を引く勇者の一族と言われる由縁です。

実は、白鵬の首の右側に赤い痣《あざ》があります。チンギス・ハーンは射掛けられた矢の一本が、首の右側を掠《かす》めて傷跡が残ったのだそうです。「こどもの頃、友達からオマエはチンギス・ハーンの生まれ代わりだとよく言われた」と本人がはにかんで言ったことがあります。その折、「強い人が大関になる。宿命ある人が横綱になる」と語った白鵬翔に、このオトコは〝宿命〟を宿していると感じました。

白鵬——ホッとした胸の内！

浅野　和田さん（和田友良、白鵬の義父。米国公益法人・和田国際交流財団理事長）、白鵬は、初場所（2016年1月、東京・両国国技館、優勝：大関・琴奨菊）、10年ぶりに日本人力士が優勝して、ホッと胸を撫で下ろしましたね。白鵬、日馬富士、鶴竜、モンゴル3横綱がそろって大関・琴奨菊に負けました。白鵬の深い思いが以心伝心で伝わっていたのではないかと私には思えてなりません。大関・栃東が優勝して以来、10年間、モンゴル出身力士による優勝のたらい回しに、相撲ファンに限らず、多くの人が苛立ちを感じていました。久々に日本人力士が優勝して、快哉を叫んだ人が多かったはずです。だから琴奨菊の優勝にフィーバーしたのでしょう。これで、大相撲はしばらく安泰です。

和田　「浅野さんの大相撲解説」は、相変わらず鋭いです。専門の「政治解説」より面白い。

浅野　ひとつの場所で、好調を維持している3人の横綱が、同じ大関にバタバタ負けた記録はほかにないでしょう。絶好調の琴奨菊を見て、日本人力士が優勝するいい機会と判断した白鵬の内心の思いを日馬富士、鶴竜も暗黙のうちに理解したからではないかと推測しています。白鵬は八百長を仕組んだと言っているのではありません。白鵬は、日本古来の伝統スポーツを外国人に乗っとられてしまったという日本人のフラストレーションが、爆発寸前だと感じ取っていたのではないでしょうか。

私は、14日目の大関・稀勢の里との一番を「白鵬は負ける」と予測して眼を凝らしていました。なんなく、押し出されて敗れました。

白鵬が負けると推測した理由《わけ》は、この一番に勝つと、展開次第によっては千秋楽で「白鵬—琴奨菊」の優勝決定戦にもつれ込む可能性があるからです。私の独断と偏見ですが、それを避けて本割でカタを付けたと私は視《み》ました。深遠な配慮です。

和田　琴奨菊でよかった。モンゴルの3横綱は、みんな琴奨菊とはいい感じで交流しているようです。稀勢の里だと、ちょっと展開が違っていたかもしれません。深い意味はありませんが、白鵬は娘（和田さんの孫）が学習院初等科に入ったので、琴奨菊の奥さん（学習院大学）のことを「大先輩だなぁ」と言っていました。

浅野　明後日から春場所（2016年3月13日）です。琴奨菊の綱取りがかかった興味深い場所になります。ところが、初場所後、結婚式の披露パーティに始まって、さまざまな行事や優勝の祝宴、テレビ局の無数のインタビュー。琴奨菊の身辺は、にわかに様変わりして、十分な稽古は無理だったのではないかと想像されます。二桁勝てるかなぁ。結局、モンゴル3横綱の優勝争いのパターンに戻ります。故障が直れば、大関・照の富士も優勝レースに加わり、また、しばらくモンゴル4人衆の場所になりそうです。

和田　どうでしょうか。そんなに簡単ではないような気がします。先ほど稀勢の里だと初場所の展開が変わっていたかもしれないと申しました。あれは琴奨菊と稀勢の里では、横綱陣の気分が微妙に違うという意味です。モンゴル勢は稀勢の里の実力を侮りがたいと高く評価しています。稀勢の里にはモンゴル勢を撃破する実力があります。それなのに、なぜか精神的な弱さがあって、ここ一番に勝てない。それを克服したら、いま、白鵬と並ぶ実力を備えた唯一の力士です。琴奨菊の優勝で、稀勢の里は弱気の虫が吹っ切れたのではないでしょうか。今場所の主役は、相撲魂に改めて目覚めた稀勢の里のような気がします。久しぶりに白鵬も燃えていますから、優勝争いは「白・稀、ふたりのガチンコ勝負」になると思います。

浅野　面白い！　白鵬はいけますか。

和田　白鵬は横綱になって4場所続けて優勝を逃したことがありません。それにいろいろ言われている折だけに、4場所目に当たる明後日からの春場所を前に何時になく気合が入っているようです。ですから、白鵬に優勝させてやりたいが、なんとも言えません。実力から言って、どのみち白鵬か、稀勢の里でしょう。

（2016年3月11日）

白鵬翔の琴線に触れた！

赤坂の小料理屋で和田さんと別れた後、2年前のあの時が思い出されました。

2014年1月、初場所（東京・両国国技館）千秋楽、13勝1敗の大関・鶴竜は、14戦全勝の横綱・白鵬と対決しました。本割では白鵬を破って相星となり、優勝決定戦へもつれ込みました。鶴竜は寄り切られて優勝を逃《のが》しました。〝優勝すれば横綱昇進〟の内々の方針は立ち消えとなり、横綱昇進の千載一遇のチャンスを逸した瞬間でした。

この年の3月、春場所（大阪府立体育会館）14日目、横綱・白鵬と大関・鶴竜が13勝1敗どうしで並び、勝った方が事実上の優勝という場面が再現されました。大熱戦の末、鶴竜が白鵬を寄り切って初優勝を決めました。場所後、全会一致で推挙され、71代横綱に昇進しました。

満開の桜の便りとともに大相撲春の巡業を告げる伊勢神宮奉納相撲は、恒例の土俵入りが〝華〟です。春場所後に横綱に昇進した鶴竜が、白鵬、日馬富士と一緒に土俵入りを奉納し、モンゴル3横綱による歴史的なそろい踏みとなりました。（2014年3月30日）

土俵入りは、地面の下の悪霊を踏み潰す意味があります。柏手を打ち、四股《しこ》を踏むことによって地の神を鎮めます。そして、土壌を活性化させ、五穀豊穣を願う儀式です。

横綱の土俵入りの型には「不知火型《しらぬいがた》」と「雲龍型《うんりゅうがた》」があります。白鵬翔と日馬富士公平は

不知火型土俵入りを披露する白鵬。
（写真提供：共同通信社）

「不知火型」、鶴竜力三郎は朝青龍の「雲龍型」を踏襲しています。ちなみに貴乃花は雲龍型。若乃花（貴乃花の兄）は不知火型です。

両者のわかりやすい違いは、せり上がるとき、左手を脇腹のあたりに当てて右手を伸ばすのが雲龍型。両腕を伸ばすのが不知火型です。

白鵬が不知火型を選んだのは、自分が所属する宮城野部屋が一時途絶えたとき、苦労して再興した横綱・吉葉山が不知火型だったため、「部屋の伝統を継承したかった」からだと述べています。

土俵入りは、伊勢ケ濱《いせがはま》親方（元横綱・旭富士）に教えてもらいました。低く腰を落とし、両手を翼のように大きく低く広げ、ゆっくりとせり上がり、胸を張る。端《はな》からスムーズにできて、「せり上がりが低くて格好がいい」と親方から褒められたそうです。

不知火型の「せり上がり」は見せ場のひとつです。大きく四股を踏み、両腕を広げ、足を地面に擦《こす》りつけながらぐいぐいとせり上げていく。そして上を向いていた手のひらをサッと返す。腕の上に載せた600貫の邪気を持ち上げてはねのける所作です。

土俵は神が降りる場所ですから穢《けが》れを入れないのが大原則です。四股は土俵の下にいる魔物を踏みつけるためですし、取組の前に塩をまくのは、土俵の穢れを清め、己の穢れをはらって安全を祈るためです。

白鵬は、横綱の伝達でどんな口上を述べたのか聞いてみました。「精神一到」という言葉を使ったそうです。

中国宋代の「朱子語類《しゅしるい》」に「精神一到　何事不成」（精神一到、何事か成らざらん）とあります。「精神を集中して事に当たれば、どんな難しいことでも成し遂げられる」というほどの意味です。「横綱の名をはずかしめないよう、精神を集中して相撲道に励みます」と誓ったことになります。白鵬らしいことばの選択です。

朱子語類は、「朱子学」の名で知られる新しい儒教の思想体系を確立し，大成した南宋の儒学者・朱熹《しゅき》（朱子は尊称）の没後、朱熹が門弟たちと交わした教え（言葉）を黎靖徳《れいせいとく》が集約した書物で、16巻におよびます。

この際、ご紹介しておきたいのは、朱熹が編纂した著書に「宋名臣言行録」があります。この書は今のリーダーたちにとっても、生き生きと通用する教訓がちりばめられています。日本でも江戸から明治にかけて、宰相学の必読文献とされていました。現在の政治家の方々にお読みになることをお薦めいたします。

伊勢神宮奉納土俵入りの前夜は、伊勢、鳥羽の有力者数十人が横綱・白鵬を囲んで、料亭「まつむら」の松坂牛食べ放題のステーキ・パーティです。スポンサーは、地元の伊勢を中心に多角経営で業績を伸ばしている西邦建設・西口康博会長です。他所《よそ》からの参加者は、和田友良さん、中国貿易で実績のある東京下町の㈱椎名商店社長・椎名芳秀さんとその夫人・椎名鳳さん、ラドン・アルファ線を使ったホルミシス治療で成果をあげているリード&カンパニー・村田昭久社長、それに私を含めた常連です。私が横綱の隣に座って、檄《げき》を飛ばし、乾杯の音頭をとるのが慣わしになっています。この時ばかりは元国会議員、政府高官の役得に感謝です。

「鶴竜とのあの一番（2014年3月場所）、負けて悔いのない勝負でしたね」と小声でつぶやき、続けて語りかけました。

「あの一番は、鶴竜の闘志と技が横綱を上回っていました。ただ、先場所に次いで今場所も横綱が勝っていたら、優勝経験のない大関のままでは、いくら勝率が良くても横綱に推挙されなかったでしょう。鶴竜が念願の横綱に昇進出来てホッとしたという意味です」

白鵬は、わたしのことばには、直接、答えず、

「魁皇関（現年寄・浅香山）は大関で5回優勝しているけれども、横綱になれなかった」と言いました。白鵬は魁皇を例に引いて、今回が鶴竜にとって横綱に昇進できる最後の機会だったと示唆したように私には聞こえました。白鵬翔の琴線に触れた思いがして感動しました。

「萬葉版画」（宇治敏彦　作）

モンゴルに関するアドバイザーに外交官の友人がいます。モンゴルの内外情勢を熟知しているモンゴル語の達人です。ヤツに私の推測を話したら「あの大一番、私も白鵬は勝てないと思って視ていました。浅野先生の推量と合致して、まんざらピント外れではなかったと得心《とくしん》しました。白鵬は深いですね」と言いました。

第2章

「強い人が大関になる。宿命ある人が横綱になる」

大関・稀勢の里 ―― 退治できるか〝弱気の虫〟

春場所（2016年3月、エディオンアリーナ大阪）は、和田さんの予想通り、白・稀対決の展開となり、横綱・白鵬が4場所ぶりに優勝しました。

大関・稀勢の里全勝、横綱・白鵬1敗で迎えた11日目。

白鵬　寄り倒し　稀勢の里

〈取り口解説〉

10戦全勝の大関・稀勢の里を1敗で追う横綱・白鵬との優勝をかけた大一番。互いの呼吸が合わず時間いっぱい4度目で立った。白鵬は左から張って、素早く左を差した。すぐ右からおっつけ、寄り立てて出る。後手にまわった稀勢の里は東土俵まで後退。残そうとするが、白鵬は休まずひと腰おとして一気に寄り倒した。完勝。

取組前、仕度部屋で出陣ぎりぎりまで四股、すり足、弟子の胸に当たる万全の準備で臨んだ結果の勝利。（杉山邦博）

残念ながら、稀勢の里のここ一番に躊躇する弱気の虫は直っていませんでした。

ショートメールの交換開始！

「横綱の完勝でした。大関はなにが足りないのでしょうか。気迫でしょうか。この上は優勝決定戦になっても遠慮は禁物です。浅野勝人」（3月23日）

「いつでも、どんな時でも土俵は全力勝負です。白鵬翔」（同日）

千秋楽、白鵬が飛んで日馬富士がずっこけた勝負に批判が集まっています。白鵬は、けがを抱えた日馬富士に負けることはまずありませんが、万一負けて2敗になると同じ2敗の稀勢の里と優勝決定戦になります。ガチンコ勝負に勝って、日本人力士連続優勝（初場所、10年ぶりに日本人力士、大関・琴奨菊が優勝）と横綱誕生の夢を木っ端みじんに砕いた時のリアクションを内心案じたに相違ありません。

日馬富士に確実に勝って1敗を守る作戦を優先して、モンゴル力士同士で結着をつける選択をしたのだと私は推測します。白鵬本人がそんな心の内を言えるわけがありません。「久しぶりに（36回目の）優勝が出来てうれしい」という無難な談話になるのは当然です。

取り口について、白鵬を批判する人はどうしてこんな横綱の気持ちを汲み取れないのか不思議です。

2016年5月、夏場所 ――「勝ってみろ」

2016年5月、東京・両国国技館の夏場所は13日目を迎えていました。優勝の行方を決める横綱と大関、全勝同士の対決です。

白鵬　下手投げ　稀勢の里

〈取り口解説〉
まさに天王山の戦い。白鵬は先場所とは逆、右から張って稀勢の里より一瞬早く踏み込み左四つ。稀勢の里は十分の四つ身、右上手を引いて出る。白鵬はしっかり引きつけた左下手から下手投げ連発。3度目の投げの折、右で稀勢の里の首を押さえつけて正面土俵に転がした。集中力、投げのキレの凄さに感服。綱の壁を実感した稀勢の里の奮起に期待。（杉山邦博）

今回も、稀勢の里は勝てませんでした。

白鵬は、あえて稀勢の里の得意な左四つに組んで「勝ってみろ。それで横綱になってみろ」という気持ちを秘めて横綱相撲で受けて立ちました。「勝っていいんだよという取り口だったのに、勝てなかった。稀勢の里は何かが足りない」と記者団の質問に答えています。

そして「大関に足りないのは何か」と問われて、白鵬翔は「**強い人が大関になる。宿命ある人が横綱になる**」と応じました。

その心を代弁すれば、幕内の力士みんなに「白鵬を倒したいのなら、顔を張るのは横綱らしくないとか、右のカチ上げは出足を止められて相撲にならないとか愚痴は見苦しい。稽古を積んで白鵬の顔を張って、カチ上げて来い」と言っているのです。

「稀勢の里、有利な取り口なのに勝負は一方的でした。かつて横綱の63連勝の記録を阻止した稀勢の里に、挑む気迫が足りないとは思えません。浅野勝人」(5月20日)

「彼は強い。横綱になる実力は十分ある。実力を出し切った時の土俵は勝っている。白鵬翔」(同日)

閑話休題！　君は双葉山にそっくりだ！

10年前の九州場所（２０１０年11月）２日目。横綱・白鵬対前頭筆頭・稀勢の里。

稀勢の里　寄り切り　白鵬

〈取り口解説〉

４場所全勝優勝して迎えた九州場所（２０１０年11月）。円熟の境地に入り、負けを知らない横綱・白鵬が双葉山の69連勝の記録に挑む場所として、全国の相撲ファンが固唾《かたず》をのんで見守る土俵でした。初日勝った白鵬は63連勝。２日目、東前頭筆頭・稀勢の里の挑戦を受けました。

立ち合い白鵬は右から小さく張って右をのぞかせ前へ出た。稀勢の里は西土俵に後退したが、右から突き落としを見せて右へまわり土俵中央に戻る。ここで稀勢の里が先手を取って激しく突っ張る。白鵬も応戦したが左四つになった。右四つ得意な白鵬には不利な体勢。稀勢の里が上手投げ。白鵬は左足から内掛けで応戦。しかし、稀勢の里が上手を引きつけて正面に寄り進み、残そうとする白鵬の胸を左手でぐっと押した。白鵬はたまらず正面土俵下へ落ちた。

白鵬の連勝が「63」で止まった瞬間でした。

正面・三保ケ関《みほがせき》審判長の右奥2列目に落ちた白鵬は、小さく首を振っただけで、さっと起き上がって東土俵へ坦々と坦々と歩む。表情、態度まったく変わらず、一礼して土俵を降りた。勝った稀勢の里も緊張した顔を紅潮させながらも、なんのパフォーマンスも見せずに勝ち名乗りを受けた。37本の懸賞を手に静かに引き上げた。

私は白鵬、稀勢の里、両者の態度に深い感動を覚えました。

「勝って驕《おご》らず、負けて未練を残さず」

伝統文化といわれる大相撲の神髄、相撲道の美を土俵の上で見せてくれた白鵬、稀勢の里の両者に私は心からの敬意を禁じ得ませんでした。

この場所、白鵬は14勝1敗で優勝しました。並みの精神力ではありません。（杉山邦博）

もう一度繰り返しますが、２０１０年11月15日、九州場所2日目、結びの一番。横綱・白鵬は平幕・稀勢の里に寄り切られて連勝記録は63勝でストップしました。史上1位の横綱・双葉山の69連勝に〝平成の連勝記録〟はわずかに及びませんでした。実は、白鵬は双葉山をかねてから相撲道の師と仰いでいましたから、「69」代横綱になった時も、双葉山の「69」連勝との数字のつながりに不思議な縁を感じて、内心うれしかったのだそうです。

白鵬が関脇の頃、大阪の相撲愛好家で、現役時代の双葉山をよく知っている長老から、「君は双葉山にそっくりだ」と言われました。

白鵬が「どこがですか？」と尋ねると、「得意な型が、右四つと上手投げで共通している。体型も似ている。君は50年に一人の逸材だ。もっと双葉山のことを研究して、何かを会得する努力をしてみてはどうか」と言われました。白鵬は、これをきっかけに双葉山のＤＶＤを繰り返し見て、少しでも近づきたいと心がけていました。

白鵬が注目したのは、双葉山の立ち合いでした。立ち合いはどっしり構えて、相手をシッカリと受け止めているのに、フワッと立つのが特徴だと気付きました。これでは攻め込まれそうなのに、双葉山は相手の動きを制して先手を取り、しっかりと自分十分になって勝ってしまう。まるで「勝ちに行くぞ」という気負いを感じさせない立ち合いです。白鵬は、「あと６勝で双葉山に追いつく。早く追いつきたい。いつの間にか数字へのこだわりが心を占めて、勝ちに行ってしまった。星欲しさだけのさもしい焦りがあった」と連勝をストップさせた敗因を述べています。そして、双葉山の絶妙な立ち合いを「後《こ》の先《せん》」という奥義だということを知り「双葉山に遠く及ばない」と自覚しました。

そして「スポーツ選手ならだれでも勝ちに行くが、苦しみ鍛えぬいた稽古によって謙虚に勝利をつかむアスリートが生き残る」と得心したようです。白鵬のいい資質は、物事を素直に受け止め、与えられた目標に向かって執拗に探求していく気質《かたぎ》です。

連勝記録がストップした折、白鵬は70連勝を拒まれた双葉山が、陽明学者の安岡正篤《まさひろ》師に「ワレ、イマダ　モッケイタリエズ、フタバ」と電報を打ったことを知りました。白鵬は、杉山邦博アナに「我、未だ木鶏たり得ず」とはどういう意味かと聞いたそうです。

「木鶏《もっけい》」にまつわるエピソードは、今から2300年余り前の中国、春秋・戦国時代の思想家、荘子《そうし》が残した古事です。

闘鶏好きの斎王《さいおう》が闘鶏を育成する名人、紀省子《きせいし》に鶏をあずけて、強い鶏に育てるよう命じました。10日ほど経って、「あの鶏はもう使えるか」と聞かれました。名人は「中身もないのに、空威張りしているだけでダメです」と答えました。しばらく経って2度目の催促にも「まだダメです。相手の態度に興奮して、カッとなって向かっていきます」。

「まだか」という3度目の問い合わせに「強くなったのを鼻にかけて、敵を見下す態度が改まりません」と断ります。

それからさらに10日後、斎王からの4度目の催促に「いかなる敵にも心を動かしません。そばで他の鶏が叫んでいても平然としていて、まるで木で彫った鶏《とり》のようです。徳が充実して天下無敵です」と応じました。

白鵬に中国古典を伝えた杉山邦博アナは、右四つ、左上手をとればだれにも負けない「型」

を完成させて、優勝街道を独走する横綱が、なお、真の勝負師に学ぼうとする姿勢に心打たれたと自らの著書『土俵一途に 心に残る名力士たち』（中日新聞社２０１６）に記述しています。

『毎日新聞』２０１９年９月３日に次の記事がありました。

大相撲・技あり！――四つ

大相撲でよく耳にする「四つ」とは、対戦する2人の力士がお互いに差し合い、体を密着させるように組み合う形を言う。双方が右手を下手に差して左手を上手にしている場合が右四つ。左を差し、右手を上手にしていれば左四つと呼ぶ。相手に双差しを許して自分が左右とも上手になった体勢は「外四つ」と呼ばれる。

対戦する二人の得意な差し手の左右が同じならば「相四つ」で、違う場合は「けんか四つ」。四つに組んだ両力士が上手も下手もまわしを引き合い、胸が密着している状態を「がっぷり四つ」と表現する。

四つ相撲といえば、組み合って力を出し合う豪快な印象が強い。大関・栃ノ心は右四つから腕っ節の強さを生かした攻めが持ち味で、身長１８８センチの朝乃山は懐の深さを生かした右四つを得意としている。基本の「四つ身の型」は、下手を深く差し、逆の手で前みつを引き、下手と同じ足を前に出す形を言う。（村社拓信）

さて、現実に戻ります。

2016年5月場所14日目。白鵬が日馬富士に勝ち、稀勢の里が鶴竜に負けて、千秋楽を待たずに白鵬37回目の優勝が決まりました。

「おめでとう！　先場所に次いで見事な優勝でした。白・稀時代の充実した土俵のために稀勢の里のいっそうの奮起が期待されます。浅野勝人」（5月21日）

「大事なのは、なんとしても勝つという秘めた執念ではないかと思います。自分はこの1勝、この1勝に全人格をかけています。白鵬翔」（同日）

……ここ一番に見せる勝負強さは健在だ。「何が横綱を支えているのか」との質問に「気迫です」と即答した。気迫の源泉は、白星を一つ一つ獲得することでしか満たされない力士としての欲望だろう。……「ヒット一本打つことを一番喜んでいるのは自分」と語ったことのある野球のイチロー（米大リーグ・マーリンズ）に通じる達人の奥義である。（大矢伸一）

「萬葉版画」（宇治敏彦　作）

（毎日新聞２０１６年5月21日）

なんだかんだと些事をとらえて白鵬を批判し続けてきたマスコミも、どうやら目が覚めたようです。

15日目、千秋楽。前人未到の37回目の優勝、12回目の全勝優勝でした。白鵬翔は、更なる奥義を求めて、果てしない旅をどこまで続けていくのでしょうか。

第3章

型《かた》をもって、型にこだわらない！

2016年7月、名古屋場所（愛知県体育館）

7月場所、8日目。

白鵬　送り出し　松鳳山

〈取り口解説〉
押す相手に応じながら左から大きくすくい投げて泳がせ、あっさり送り出した。貫録を見せつけた一番。（杉山邦博）

横綱・白鵬が、またひとつ新記録を達成しました。歴代1位、前人未到の幕内900勝です。イチロー選手の日米通算3000本安打と同じで、1本、1本、1勝、1勝を積み重ねてきた陰の努力を思うと頭が下がります。

思えば、防衛政務次官の折、地元の名古屋場所で、首相代理として、優勝力士、横綱・貴乃花（1997年）に、また内閣官房副長官の時、優勝力士、横綱・白鵬（2009年）に総理大臣杯を渡す機会に恵まれました。私にとって名古屋場所は〝かけがえのない思い出の場所〟

です。

ちょっと、ウラ話を披露しますと、昔は開催場所の地元の国会議員の代表が首相代理として優勝力士に総理大臣杯を渡すのが慣わしでした。大阪場所なら近畿地区選出の政務次官、九州場所なら九州地区選出の政務次官といった按配です。複数いる場合はくじ引きでした。ところが、人気取り優先の小泉純一郎首相が自ら土表に上がって手渡して以来、それまでのしきたりが崩れたように見受けます。

私の最初の経験、貴乃花の場合は、中部地区の政務次官が「防衛の浅野」と「郵政の野田聖子」の2人だけでした。女性が土俵に上がるのはご法度ですから、くじ引きをするまでもなく私になりました。

9月の秋場所8日前、和田友良さんの計らいで、西口康博さん、椎名芳秀さん、私を交えたいつもの〝仲良し四人組〟が一緒に横綱を激励し、横綱とおしゃべりをする機会がありました。痛めた足の具合がよくないので今朝から稽古を休んでいると聞いてびっくりしました。

2016年9月、秋場所（東京・両国国技館）

横綱・白鵬全休。

浅野　10年ぶりに全休となりました。

和田　宮城野親方の判断に全幅の信頼をおいています。右足の親指と左膝の様子が思わしくないので、無理をしないで休んだらいいと思っています。本人は、あの通り、悠々としているので安堵しています。

浅野　先日、お目にかかった折、横綱に「スーパーマンじゃない。あなただって人間だ。故障したら休むのが当たり前です。神様が〝ちょっとおやすみしなさい〟とおっしゃってくれたのです。ただ、2020年のオリンピックまでがんばらなければならない宿命にある。そして、土俵に上がったら最強の横綱であってほしい。休場を無駄にしないでいただきたい」と申しましたら、穏やかな表情で頷《うなず》いていました。

和田　十分、わかっています。一挙手一投足みられていますから、休むのも気疲れしますが、体調の立て直しにいい機会だと思います。

浅野　ところで、稀勢の里にとっては、白鵬不在でやっと横綱になるチャンスが巡ってきたのにバタバタ負けてがっかりしました。場所前の報道で「悩む暇があったら、前に進むことを考える」と伝えられていました。何かを悟って懸命に自分に言い聞かせているみたいでしたから、「これならいける」という予感がありました。それなのに初日、3日目とこけちゃった。千載一遇のチャンスに、こりゃまたダメかと心配です。

和田　自分に過酷な練習を課すことによって、ここ一番にビビる弱点を克服しようと言い聞かせているのでしょう。確かに3日目で2番負けたので、今場所も難しいかなと案じておりますが、あきらめないで調子を上げて本来の姿に戻ってもらいたいです。

浅野　負け方ですが、綱取りを意識しすぎて固くなって体が動かなかったのでしょうか。それなら初日はとにかく、今日（3日目）の取り口がふがいない。心技一体にほど遠い。案じられます。

和田　精神面だけではないように思います。相撲のバランスが崩れているように見受けます。今場所は思いがけない力士が優勝するような予感がします。ただし白鵬不在だからといって、フロックの優勝はあり得ません。大相撲はそれほど甘くない。思いがけない力士といっても、優勝するのにふさわしいもともと実力と気迫のある人です。確かに、稀勢の里、今場所は無理かもしれませんが、そう遠くなく必ず優勝します。そして横綱になります。

「実力ある強い人が大関になる。宿命ある人が横綱になる」としたら、それを兼ね備えた力士は、稀勢の里を措《お》いて他にいません。日本人力士で、横綱になる実力を備えた「宿命ある人」は、稀勢の里だけです。

（9月場所3日目、稀勢の里2敗の夜に）

秋場所は、豪栄道が全勝優勝しました。連日、気迫に満ちた堂々の取り口でした。日本人力士の全勝優勝は、1996年、秋場所の横綱・貴乃花以来、20年ぶりの快挙です。しかもカド番大関の全勝優勝は、大相撲の史上初めてだそうです。優勝力士の記者会見で「このまま終わると、またダメ大関といわれますから、これからもがんばる」と言った素直な心根が素晴らしい。

浅野　横綱の体調はいかがですか。11月の九州場所、お休みですか、出場するのですか。

和田　宮城野親方が総合的に判断します。昔から、角界では「ケガは稽古で直せ」「本場所の取り組みで直せ」と言われています。

浅野　厳しい言葉だなぁ。1年を10日で暮らすいい男と言われた時代と違って、いまは4日に1日、本場所で相撲取っています。その間に地方巡業が入る。年中無休で働いていますからケガもし易い。いわば労災です。休むことも大切です。

和田　第一に体調を優先するのは当然ですが、あんまり休むと勝負勘が狂う。２場所連続して休んだら勝負勘を取り戻すのがたいへんらしい。判断を間違えないように本人、親方、医師、みんなが慎重に考えてくれていますが、いつまでも休んではおられません。

浅野　体調が万全でなくても、出る以上は闘って勝つのが横綱の使命です。やるしかないですね。

（九州場所を控えた10月下旬）

２０１６年11月、九州場所（福岡国際センター）

九州場所３日目。

白鵬　上手投げ　魁聖

〈取り口解説〉

１０００勝をかけて気合い十分。サッと踏み込むと素早く得意の右四つ。左上手を引きつけ、西土表に寄りながら上手投げ。（杉山邦博）

横綱・白鵬が、初土俵以来、白星を一つ一つ積み重ねてついに1000勝を達成しました。初土俵は2001年春場所。次の夏場所、序の口で初勝利を挙げてから94場所目で到達した記録です。

元大関・魁皇の1047勝、元横綱・千代の富士の1045勝に次いで史上3人目ですが、魁皇より40場所、千代の富士より24場所早いスピードぶりです。特筆すべきは、1000勝の内712勝は横綱になってからの白星です。一人横綱の重圧に耐え、大相撲の社会的地位と国民的人気の維持を支え続けてきた白鵬の努力には、計り知れない値打ちがあります。

土俵下で審判として取り組みを観ていた浅香山親方（=魁皇）は「白鵬はまだ若い。これは単なる通過点だ」と述べました。八角理事長も「場所の数から思うと考えられない記録。とてつもない数字です。巡業も責任感をもって努めている。立派だ」とコメントしています。

「見事でした！　1000勝おめでとう。前人未到の山頂はまだまだ先です。ひとり旅を楽しんでください。浅野勝人」（11月15日）

「有難うございます。明日からまた1001勝をめざしてがんばります。白鵬翔」（同日）

色白で、もやしのような少年

少年時代のダヴァ（白鵬の愛称）は、自分にとって神さまはマイケル・ジョーダン選手というほど、バスケットボールに熱中していました。

日本の相撲にいささかの関心を持つきっかけは、同じ年で、よく遊んでいた友達の保《ほ》志《し》光《ひかり》と安馬《あま》（のちの横綱・日馬富士《はるまふじ》）が大相撲入りするため日本へ旅立ったことでした。

15才になった頃、当時、すでに日本で関取になっていた旭鷲山の父親・ダワーから「ダヴァを日本に行かせて、相撲の勉強をさせてみてはどうか。あなたの息子だから才能はある。大相撲の力士になれるかもしれない」と父親に打診がありました。ダワーは当時、モンゴル人の若者を大相撲にスカウトして、日本で活躍するチャンスを与えてやりたいと熱心に勧誘していました。その誘いを受けて、ダヴァは2カ月間の相撲研修旅行に参加することになりました。2000年10月25日、ボヤント・オハー国

2019年8月、バスケットボール日本代表戦の始球式で、フリースローをする白鵬。（写真提供：朝日新聞社）

際空港（現チンギス・ハーン国際空港）を7人の少年と一緒に大阪へ向かって旅立ちました。

大阪での稽古は本格的で厳しく、早朝から四股や鉄砲といった相撲の基本を辺りが暗くなるまで仕込まれました。体の大きな仲間は、東京から来た相撲部屋の人に連れていかれて部屋入りが決まり、一人、また一人と減っていきました。色白で、もやしのように細い少年には、どだい見込みはないと思われて、いっこうに声がかかりませんでした。ダヴァを新弟子にという相撲部屋の親方は現れず、諦めて、モンゴルへ帰るチケットを購入し、両親へのみやげも買って、荷物をまとめて帰り支度を終えました。

明日帰るという日の前夜、事態は一変します。旭鷲山が、モンゴル相撲大横綱の息子をみすみす帰すわけにはいかないと走り回って、宮城野親方を説得して、宮城野部屋に引き受けてもらうことに成功しました。周りの人は「あんなやせっぽちの小さい子をホントにいいのですか」と反対しましたが、親方は「大丈夫、問題ない」と言い切ったそうです。

旭鷲山の骨折りのおかげで、ダヴァは、急遽、行き先をウランバートルから東京に変更することになりました。飛行機から新幹線に運命を乗り換えて、宮城野部屋に弟子入りが決まりました。親方の決断によって、途方に暮れるダヴァ少年に未来が開けましたが、同時に175センチ、68キロの痩せぎすを拾った熊ヶ谷親方こと宮城野親方は、後に日本相撲協会を背負《しょ》って立つ平成の大横綱を手中に収めたことになります。人生のちょっとした機微とは、まことに摩訶不思議なもので、この時、今日を予想した人が居ようはずがありません。

ダヴァ少年は、3カ月後、180センチ、80キロになって新弟子検査をパスして、大相撲力士の仲間入りが許されました。

新弟子の頃、稽古のあと、テレビで「暴れん坊将軍」を視るのが好きだったし、映画「男はつらいよ」を視て、腹を抱えて笑っていたので、兄弟子たちから「お前は、日本人より日本人の心がわかるヤツだな」と言われたそうです。

日本人横綱が誕生＝ホッとしました！

2017年1月、初場所（東京・両国国技館）。稀勢の里が14勝1敗で優勝。白鵬は12勝3敗。

稀勢の里、全会一致で第72代横綱に昇進。19年ぶりの日本人横綱の誕生に日本中が喜びに湧きました。

新横綱が誕生した3日後の1月25日、夜、銀座「鵬」で白鵬翔と新年会。著者が懇意な外務省・山﨑和之官房長（現・ジュネーブ国際機関政府代表部大使）が入省同期の親友でモンゴル語が達者な小林弘之大臣官房人事調査官（現・モンゴル駐在特命全権大使）を誘って参加してくれました。会費は割り勘です。話題は相撲談義からモンゴルの内政外交におよび延々3時間半語り合い、付け人によるとこんなことは前代未聞だそうです。

浅野　やっと日本人横綱が誕生しました。のどの痞《つか》えがとれたでしょう。ほんとによかった！

白鵬　さまざまな思いがよぎってホッとしました。2020年まで頑張ると言い続けていますが、稀勢の里が横綱になったので明日にでも引退したい気分です。

浅野　ここまで大相撲を支えてきた重圧から解き放されたい気持ちはよくわかります。ただ、一世を風靡した栃若時代（栃錦・若乃花）、柏鵬時代（柏戸・大鵬）と並んで「白稀時代」の幕開けです。横綱には、それを待ちわびているファンに応える〝つとめ〟が残っています。オリンピックまで緊張感を持続して土俵をつとめてください。

白鵬　ホントは相撲が大好きで、やめられません。〝型をもって、型にこだわらない技《わざ》〟をいっそう磨きます。覚悟はできています。

白鵬翔は微笑みました。

四股名の由来：白鵬＝柏鵬《はくほう》

白鵬の四股名の由来は、一世を風靡した大横綱・大鵬《たいほう》を越えるような力士になってほしい。さらに大鵬とともに「柏鵬時代」を築いた横綱・柏戸《かしわど》にもあやかろうと「柏」の字の「白」をもらって「白鵬」としたのだそうです。

「新年会、最高でした。長い時間お付き合い下さり、ありがとうございました。同席の二人もたいへん喜んでくれました。横綱のお母さんが、私が顧問をしている宗教法人『道徳会館』モンゴル支部で求道（入信）して、道親（信者）になったそうです。お母さんは弥勒菩薩の弟子になりました。実は、外務副大臣の折、ウランバートルへ公務出張した際、偶然、道徳会館モンゴル支部の開壇式（発会式）に出席する幸運に恵まれました。その時、ホテルから式場へ案内してくれた日本大使館の公使が、おとといの夜、新年会に来てくれた小林さんです。偶然が重なった出会いとはいえ、弥勒菩薩の絶妙な手配にビックリしました。浅野勝人」（1月27日）

「新年会、たいへん勉強になりました。その上、楽しかったです。白鵬翔」（同日）

モンゴル民族は語学の天才？

新年会の白鵬は、かなり複雑な日本語にもいっさい痛痒を感じませんでした。一緒したふたりの外交官も白鵬の日本語力にビックリしていました。テレビの生番組のインタビューで証明済みとはいえ、日本語の語彙、アクセント、イントネーションが日本人と変わりがありません。アメリカないしは中南米から来日して10年以上経つ、プロ野球の監督、選手があらかた通訳を必要とするのに、白鵬に限らず、モンゴル出身のお相撲さんはみんな日本語が上手です。

引退後、親方になった旭天鵬に至ってはＮＨＫ・ＴＶの相撲解説に登場し、話下手の日本人よりはるかに上手な日本語を操っています。モンゴル人は、もともと他所《よそ》のことばを習得するのが得意な民族なのかもしれません。羨ましい限りです。中学生の時から英語を勉強しても、読み書きはともかく、〝聞けない、話せない〟のが情けなくなります。日本人は語学下手《ベタ》だと決めつけて自らを慰めるしかありません。

頭突きをくらって、土俵に転がりました！

語学力と言えば中国の知識人も外国語に精通した方が多いように見受けます。

私が、毎年、北京大学と一緒に特別講義をしている北京外国語大学は、世界のことばを「90言語」教えています。東京外国語大学は50言語内外と聞いていますからかなりのものです。

第1次安倍内閣、外務副大臣の折です。北朝鮮問題を協議する「日・米・中・韓・ロ・北朝鮮による6者協議」の初日（2006年12月18日）、国際会議場の北京・釣魚台迎賓館に潜り込んで、武大偉《ぶだいい》議長（中国副外相）と会って、懸案の問題点について念押しをして来るようにという緊急の出張命令が麻生外務大臣からありました。「武大偉と懇意な浅野なら何とかするだろう」という忍者外交の極秘指令です。日本政府を代表して6者協議に出席している外務省・佐々江《ささえ》賢一郎アジア大洋州局長（事務次官、駐米大使）を側面支援する特命です。

武大偉議長は、全体会議が昼休みになったところで、寸時を割《さ》いて25分間、会談に応じてくれました。武大偉さんは駐日大使をしていた日本通で、日本語はなまじっかな日本人より上手です。通訳抜きで話し合えますから、25分あれば日本政府の意図をダメ押しするには充分です。

拉致問題、核問題、経済協力問題について、日本政府の譲れない要旨を手短に説明して、

「これらの点に留意していただくからには、日本政府は武大偉議長を全面的に支持して、会議の運営が円滑に運ぶよう全力を尽くします」

「佐々江《ささえ》（日本政府代表）が支《ささ》えてくれる」

見事な日本語に技ありを取られて、私は焦ります。

「日本政府としての当然の役割です」

気の利いた切り返しのことばが思いつかないままお粗末な応答をすると、武大偉議長は、

「あっそう（麻生）」と応じました。

頭突きをくらって目がくらみ土俵に転がりました。これでは勝負になりません。

「わざわざ念押しにやってきたあなたの要請は心得ています。その旨、麻生外相にお伝えください」という副外相在位20年余のベテラン外交官の余裕のシグナルです。

そんなことがあってから3カ月後の2007年3月。日・印外相会談の事前調整にニューデリーを訪れてムカジー外相と会談したその足でハノイに立ち寄り、3日前、北朝鮮代表団と会ったばかりのビン外務次官に会って、根掘り葉掘り「北」との会談内容を聞き出しました。それから北京へ回り、日中文化スポーツ交流年の開会式に出席しました（3月10日）。北京オリンピック前年の当時、私は日中文化スポーツ交流年政府代表の任にあったからです。そして、北京に来た機会に武大偉副外相に会って、過日のお礼を申し上げたいと思いました。

武大偉さんは、翌日、70分間の会談に続いてワーキングディナーをセットしてくれました。迎賓館の釣魚台です。2時間通訳なしですからいいかげん語り合えます。

「長いこと途絶えていた中日外相会談がやっとドーハで再開されました。間髪を入れず、李《り》

肇星《ちょうせい》外相が東京を訪問して短期間に2度の外相会談が実現しました。今度は麻生外相が北京へ来る番です」

「麻生外相が来れば、なにかいいことがありますか。東シナ海の油田共同開発など懸案事項が進展する可能性がありますか」

「短兵急にはむずかしい」

「だったら、ボスを振りチンで送り出すわけにはいきません」

「振りチン」は2時間余の語らいの中で、武大偉が怪訝な顔をして理解できなかった唯一の日本語です。過日のお返しにしては、いささか品位に欠けます。

同席していた邱国洪《きゅうこくこう》アジア司副司長（外務省アジア局次長、現・韓国駐在大使）が武大偉の耳元でしばらく囁《ささや》いていましたが、やっと「振りチン」の意味がわかったのでしょう。武大偉はゲラゲラと笑いました。

中国外務省には武大偉以上に日本語に精通している人材がいることを知って内心驚きました。

こりゃなんだ⁉ 〝麻生純一郎外相〟

李肇星外相は英語ペラペラ組ですから、日本語はダメです。

2007年、新年早々（1月11日）フィリピンのセブ島で行われたアジア外相会議に出席しました。アセアン10カ国プラス日・中・韓。それにインド、オーストラリア、ニュージーランドがオブザーバー参加する大きな国際会議です。各国とも外相が顔を揃えますが、今年に限って日本だけが副外相です。副大臣でも、アジアにおける日本の存在は重視されていますから、会議の発言順位も最初の方ですし、全員並んで取る記念写真も中国外相と並んで真ん中です。国力とは有り難いものです。

翌12日、「日・中・韓外相会議」が同じマルコポーロ・ホテルで行われました。所帯が大き過ぎて、とかくセレモニー的になりがちな全体会議よりも「日・中・韓外相3者委員会」の方が、それぞれ差し（一対一）の話し合いが出来て重要な意味合いがあります。会談の議長役は持ち回りだそうで、この時は中国の李肇星外相でした。

各種国際会議をふんだんに経験している李肇星外相の巧みな手綱さばきに加えて、おだやかな人柄の韓国の宋旻淳《ソンスンミン》外交通商大臣が加わり、1時間50分の会談は中身の濃い話し合いになりました。

セブ発・時事通信は、「会談では三カ国の協力関係を強化し、朝鮮半島の非核化に向けて六カ国協議の早期再開を図ることで一致した。会談のあと、浅野副大臣は14日の日中韓首脳会談の声明に拉致問題が盛り込まれる見通しを示唆した」と報じています。

会談の終わりに李肇星外相が「的確かつ真摯な発言のおかげで大変いい成果を上げることが出来ました。おふたりに感謝します」と締めくくりました。咄嗟《とっさ》に「日本だけ副外相でたいへん失礼いたしました。それにもかかわらず、全く対等の扱いをしていただきました。私は、今、とても幸せです。おふたりの外相に心から感謝いたします。」と申しますと、李肇星外相は「正とか副とかは日本国内の都合による呼称に過ぎません。今日の会談では、あなたは日本政府代表です。一貫して日本の立場を堂々と主張した見識に敬意を表します。記念にあなたの名刺に麻生外相あてのメッセージを書きましょう。」

差し出した名刺に「H、E（His Excellency＝尊称）〇〇〇〇外相。問他好！　新年好！」と書きました。最初の〇〇は「麻生」と読めましたから、さして気にも留めず、「彼によろしく！　新年おめでとう！」の走り書きを有難く受け取りました。

記者会見を終え、大任を果たして高揚した気分も落ち着いて、何気なく名刺を眺めていると、どうも「麻生太郎」と読めないことに気付きました。姓は「麻生」だが、名が「太郎」ではない。こりゃいったい何と読むのだろうと思っているうちにハッと気付きました。「純一郎」

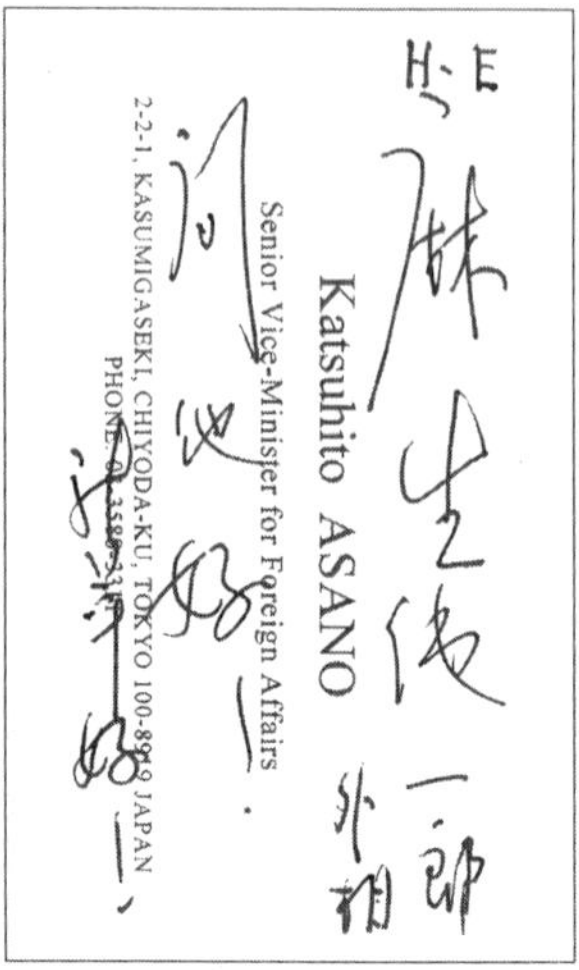

中国、李肇星外相のサイン
「麻生純一郎」

です。小泉純一郎の純一郎と混同した結果、「麻生純一郎外相」となった。それ以外には考えられません。

この5年間、日中関係は政冷経熱で、政治的に散々振り回され、悩まされ続けてきた小泉純一郎の名前が李肇星外相の頭に沁み込んでいたからに違いありません。小泉さんも罪深いヒトです。

名刺をこのまま麻生に渡すわけにはまいりません。ですから、誰にも報告せずに、いまでも密かに「家宝」として私が保管しています。

そういえば、中国、内モンゴル自治区出身のモンゴル系中国人の関取・蒼国来《そうこくらい》はどうでしょう。日本語を喋っているのを聞いてみたい気がします。

右からフィリピン外相、中国外相、著者、韓国外相、インドネシア外相。（アジア外相会議。2007年1月。フィリピン・セブ島）

JUST BETWEEN US. Japan's Senior Vice Foreign Minister Katsuhito Asano (left) seems to be sharing a secret with Chinese Foreign Minister Li Zhaoxing. Or is he just telling the Chinese official to keep his voice down? (AP FOTO)

著者と中国・李肇星外相「秘密をシェア」（日・中・韓外相会議。同月・セブ島）—— AP通信：特ダネ写真

優勝力士・白鵬に総理大臣杯を渡す著者。（宇治敏彦　作、梶原　爽――小学生――着色）

第4章　もとより　その覚悟です！

2017年3月、春場所（エディオンアリーナ大阪）

初日、白鵬は小結・正代《しょうだい》に敗れる。どこかおかしい？

「報道によると、場所直前の稽古で切った足の裏の傷口が取り組み中に開いて、相撲が取れる状態ではないとのこと。親方と相談して早く休ませた方がいいのではないですか。浅野勝人」（3月15日、和田さん宛メール）

白鵬5日目から休場。

「休場！　安心しました。怪我して休むのは当然の判断です。浅野勝人」（3月16日）

「ケガはだんだん良くなっていますが、天から与えられた休みです。しっかり休んでゆっくり考えます。白鵬翔」（同日）

千秋楽。左腕故障の稀勢の里、右腕だけで照ノ富士を本割、優勝決定戦で連破。2場所連続優勝。

２０１７年５月、夏場所（東京・両国国技館）

休場明けの白鵬、再起をかける試練の場所が開幕。
世の中「稀勢の里」一色。稀勢の里人気で、連日、満員御礼。
横綱・稀勢の里、怪我を押して出場。今場所は休んで完治してから復帰するのが望ましいが、３場所連続優勝を運命付けられた横綱の面目にかけて土俵に上がる。過酷に映るが、白鵬が何度となく体験しながら潜り抜けてきた横綱の宿命《さだめ》。

「初心に返って、初土俵を想い出して、力を出し切ってください。浅野勝人」（初日前夜）
「ケガは日に日によくなってきています。もう大丈夫です。欲を出さずに黙々と頑張ります。
白鵬翔」（同日）

５日目。

白鵬　上手投げ　御嶽海

「今日の取組（御嶽海）が前半の〝山〟と思っていました。完璧でした。一気にいける。但し油断大敵！　浅野勝人」（5月18日）

白鵬、全勝で中日折り返し。日馬富士も全勝。大関昇進確実の関脇・高安1敗。良く踏ん張っているが、手負いの稀勢の里2敗。いよいよ後半戦――。

「取組は日に日に充実一途。全盛期のレベルに達してきました。再起をかけた今場所はゆずれない。優勝しかない。浅野勝人」（5月22日）
「もとよりその覚悟です。白鵬翔」（同日）

10日目。

白鵬　寄り倒し　高安

〈取り口解説〉
白鵬は右から張って右に動いて右四つ、左上手を取って前へ出る。高安は右からすくい投げて残す。ここで白鵬が頭をつけた。まさに土俵への執念をみせる。このあと右手をハズにかけて攻め、西土俵にどっと出て寄り倒した。体が大きく、重い高安に対して考えた末の取り口。勝つために頭をつけて寄り倒した快心の一番。（杉山邦博）

……支度部屋で息を整えると、「（高安との一戦で）久しぶりに頭を付けたんじゃないか」と、笑った。……春場所前には自ら田子ノ浦部屋に出向き、稀勢の里ではなく「高安めあて」と公言してぶつかった。……一門の違う二所ノ関の連合稽古にまで足を運び、高安を指名した。

もちろん、その実力を認めているからこそ。この日の取組後、大関昇進前の照ノ富士、豪栄道と比較した上で、「（高安は）その中でも一番（大関に）近いのは間違いない。また出直してこい……」と発破をかけた。

上の番付をめざす力士の「壁になる」ことが横綱の役目だと言う。……1年ぶりの賜杯へ。充実の内容で終盤戦を迎える。（岩佐友）

（「朝日新聞」２０１７年5月23日）

かねて、実力を備えた若い日本人力士の台頭を待ち望んでいた白鵬は、やっと現れた高安に「大関になって、さらに厳しい稽古を積んで出直してこい。そして、オレに勝て」と紙面を通じて語りかけています。若い日本人力士の奮起が待たれます。

14日目。

白鵬　寄り切り　照ノ富士

白鵬翔、早々と38回目の優勝。

「初優勝の時よりうれしいでしょう。見事な再起の場所でした。浅野勝人」（5月27日）

「大事な千秋楽が残っています。（全勝優勝するために）浮かれてはいられません。白鵬翔」（同日）

千秋楽。

白鵬　寄り切り　日馬富士

〈取り口解説〉
すぐ右四つになったが、互いの寄りが残される力相撲。1分30秒の末、白鵬が左から攻め、日馬富士の上体を起こしながら寄り切った。（杉山邦博）

白鵬、全勝優勝13回を記録。
型をもって、型にこだわらない奥義を一歩深める。

「改めて存在の大きさを世間に示したのは痛快！　痛快！　浅野勝人」（5月29日）
「おはようございます。昨日、里帰り。場所中、励ましと勇気づけのメールをありがとうございました。1年ぶりに優勝して本当に良かったです。また次の名古屋を頑張ります。白鵬翔」（6月6日）
「モンゴルからわざわざメールありがとう。絶対に負けられない場所を全勝優勝するには心技一体の並はずれた能力が求められます。それを見事に示しました。モンゴルの大地で英気を養ってください。浅野勝人」（同日）

2017年7月、名古屋場所（愛知県体育館）

「一日、一日、全力で取り組めば、結果はついてくる。浅野勝人」（初日、前夜）
「その心づもりでがんばります。白鵬翔」（同日）

8日目、中日。

白鵬　すくい投げ　宇良（横転）

〈取り口解説〉
小兵、宇良が大横綱に初挑戦するとあって館内は最高潮に盛り上がった。立ち合い、白鵬は右手を前に出してけん制すると、すぐ左へ動いて叩きをみせる。これに対して宇良は低く入り込む。白鵬は右を差し、左から抱えて青房下に運び、大きく右すくい投げ。たまらず宇良は仰天して裏返しになった。白鵬が強さを存分に見せつけた一番。敗れた宇良が仕切りから最後まで、白鵬の目を真っすぐ見つめた姿には好感をもった。（杉山邦博）

横綱と初顔合わせの小兵、宇良「土俵の横綱にはオーラがあった。自分は力を出し切ったが、やはり横綱は強かった」。
横綱・白鵬「宇良をウラ返したね。壁になれてよかった」。
「以前より相撲に深みを感じています。感じるほどに相撲がいっそう好きになります。白鵬翔」（7月16日）
「なによりです。どんな相手にも手加減は禁物。横綱には、常に力を出し切った姿が求められます。浅野勝人」（同日）

11日目。今日の一番に勝てば、魁皇の通算最多勝利1047勝（700敗）に並びます。

御嶽海　寄り切り　白鵬

白鵬、敗北に館内に座布団が舞う。
御嶽海「横綱はいつもと違う感じがした。記録達成を意識して緊張していたから隙ができたのかな」。

「（緊張して思うように動けずに負けたのは）人間らしくていい。平常心、平常心！　浅野勝人」（7月20日）

13日目。

白鵬　押し倒し　高安

〈取り口解説〉
白鵬は右に変わって左のどわ、右おっつけ。互いに離れて見合うこと2度。高安が押し返そうとするが、白鵬は右から高安の左肩を突き落としながら押し倒した。18秒の勝負を制した白鵬は前人未到の大記録達成。（杉山邦博）

初土俵以来、通算勝利１０４８勝（２１９敗）新記録達成。魁皇より42場所早い。

「大相撲の記録を次々と塗り替えました。努力の積み重ねの結晶に敬意を払います。浅野勝人」（7月21日）

「すべて覚悟の上でここまで来ました。相撲は奥が深い。明日からまた第一歩です。白鵬翔」（同日）

千秋楽。

白鵬　寄り倒し　日馬富士

〈取り口解説〉白鵬は右手をまっすぐ出して左へ動き、左上手をとる。右四つがっぷりとなったが、両まわしを引きつけ、吊り気味に攻めて寄り倒す。白鵬、新境地へ向かう。（杉山邦博）

横綱・白鵬、39回目の優勝（14勝1敗）。

優勝力士インタビュー「名古屋のみなさん、サンキュウ（3・9）」――39回目の優勝ありがとう――。

「モンゴルへ行ってきました。名古屋場所、本当によかったです。里帰りして〝やったぁー〟

という実感がわいてきました。あと3年頑張ります。白鵬翔」（8月1日）

たくさん頂いた白鵬優勝を祝うメッセージから一遍。

かつて、偶然知り合って何度か食事を共にすることになったモンゴルの女性三人との雑談は、どこか不思議な話が多かった。

草原でオオカミと眼が合うと出世する。一族に幸運がもたらされる。実際そういう体験はままあるのだそうです。

いつぞや、白鵬が連勝した時、インタビューで、「この前、帰国した折にオオカミと道で出会って目が合ったから」と優勝の理由について話したのを覚えています。なんだかとてもいい話。（中曽根康弘事務所、井出廉子）

2017年9月、秋場所（東京・両国国技館）

稀勢の里、鶴竜両横綱、怪我が回復せず休場。白鵬も休場。

「今日、お父さん（義父の和田氏）から横綱が秋場所休場と聞いてビックリしました。両足の親指が故障していて、踏ん張れないそうですね。白鵬翔は土俵に上がったら勝たねばならない宿命を負っています。そのためにケガの治療、身体の調整を優先した宮城野親方と横綱の判断はまちがっていないと思います。浅野勝人」（初日２日前）

「横綱の休場は重いです。★（黒星）と同じです。稀勢の里、鶴竜が休場する上に自分まで休むことについては躊躇しました。しかし、無理して土俵に上がって無様《ぶざま》な取り組みが続いて途中休場するようなことになったら、結局、横綱の名を汚すことになります。胸中を理解していただいてありがとうございます。白鵬翔」（同日）

２０１７年11月、九州場所（福岡国際センター）

日馬富士、殴打事件が発覚

「〝モンゴル農牧改革検討チーム〟が発足しました。白鵬翔の夢を正夢にするよう事業計画案をまとめます。まさに再起初日の祝いです。心おきなく勝負してください。浅野勝人」（初日前夜）

「ありがとうございます。明日から頑張ります。白鵬翔」

初日。

白鵬　上手出し投げ　琴奨菊

「まったく不安なし。このまま平常心で前進！　前進！　浅野勝人」

「メールありがとうございます。心が落ち着きます。白鵬翔」

場所前の10月25日、夜、巡業先の鳥取市内で行われたモンゴル出身力士の懇親会の席上、横綱・日馬富士が幕内・貴ノ岩を殴打して怪我を負わせる事件が発覚しました。

「和田さん、どんな理由があったとしても暴力は許されません。白鵬もいずれ警察から事情を聴かれます。ありのままを正直に供述させてください。場所中でもありますから、それ以外の発言は慎んだ方がよろしいと思います。浅野勝人」（11月16日）

「何を言っても日馬富士を擁護して暴力を肯定していると誤解されかねません。ゴタゴタに巻き込まれないよう横綱の発言には気を付けさせます。和田友良」（11月17日）

14日目。

白鵬　押し出し　遠藤

〈取り口解説〉

左手をまっすぐ出して遠藤の出足を止める。あとが早い。サッと押して出て東土俵へあっさり押し出した。（杉山邦博）

千秋楽を待たずに40回目の優勝決める。自らを信じて殴打事件にいっさい動ぜず。不動の取り口。

「おめでとう！　殴打事件をめぐって大揺れに揺れた今場所での優勝はことのほか意義深い。力士としての限界を無限にしました。浅野勝人」（11月25日）

「実はホッとしています。白鵬翔」（同日）

優勝力士インタビューで、白鵬が暴力事件に関連して「膿《うみ》を出し切って、日馬富士にも貴ノ

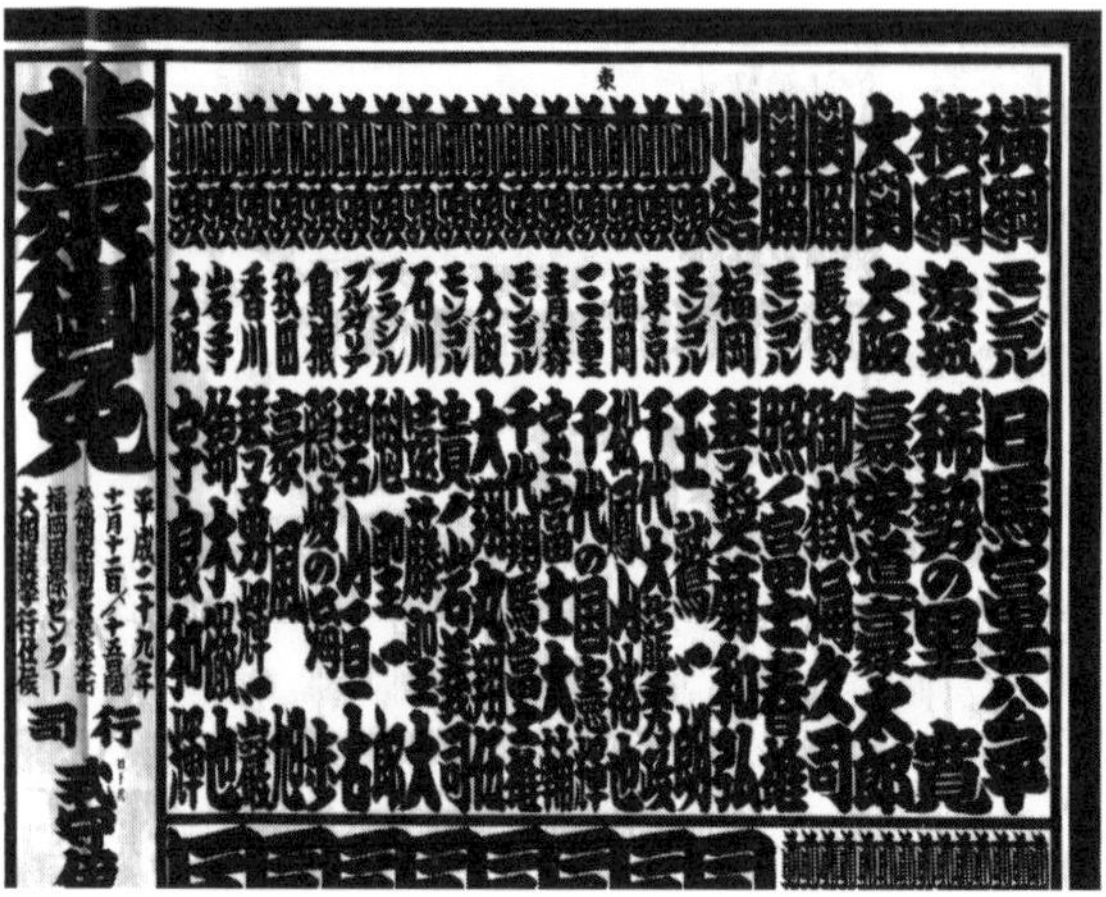

横綱・日馬富士、最後の番付表。

岩にも土俵に戻ってきてもらいたい」と胸の内を述べ、合わせて連日の満員御礼の盛況に感謝して、大相撲の一層の発展を願って観客と一緒に万歳をしました。この行為を力士ごときの出過ぎた言動と決めつけて、厳罰を求めた横綱審議委員会は何を考えているのか。

白鵬の言動は、力士仲間を思いやる優勝力士としての気持ちに過ぎません。警察の捜査や理事会の判断とは別です。現に日馬富士は引退して、もっとも重い処分を自分に課しました。大相撲を背負っているアスリートの気持ちを理解する配慮が横審に欠けているのが情けない。

第5章　記録更新が止まらない！

「明けましておめでとう。いよいよ初場所が迫ってきました。横綱は勝つために存在します。初土俵（2001年3月場所）以来17年間の思いをこの土俵に注いでください。2018年新春　浅野勝人」（1月7日）

「明けましておめでとうございます。浅野先生のメールは勇気をいただき、心が安らぎます。また色々とアドバイスお願いします。色々と色々とさまざまなことをです。白鵬翔」（同日）

「品格云々、組み手がどうのと喧《やかま》しい。一切無視して勝負に集中することです。雑音・騒音に惑わされず、〝勝利への道〟をまい進するのが横綱のつとめです。浅野勝人」（1月8日）

「大所高所からのご心配ありがとうございます。張り手、かち上げ、本場所は慎しみます。白鵬翔」（同日）

2018年1月、初場所（東京・両国国技館）。

3日目、4日目と白鵬連敗。こんな姿は見たことがない。

「相撲に迷いが生じています。TV画面から横綱の迷いを感じます。心を白紙にして、相手の胸を借りるつもりで挑戦者に戻ったらどうでしょう。私は『かち上げ』『張り手』は技のひとつで、それに敗れる力士が未熟だと申しました。横綱が封印する決意なら異論はありませんが、咄嗟《とっさ》の勝負技としてかち上げたり、張るのは問題ない。迷いを断ち切って、虚心な気持ちで土俵に上がってください。但し、怪我が思いのほか酷かったら、率直に事実を公表して休場するのは全く問題ないと考えます。浅野勝人」（1月17日）

4日目の嘉風との取組で、こんどは左足親指を捻る。腫れがヒドイとのこと。嘉風とは相性が良くない？

白鵬、５日目から休場。

２０１８年3月、春場所（エディオンアリーナ大阪）。

白鵬、初場所の途中休場に続いて全休。

「休場の決心を大事にしてください。心身を癒すことも大事です。浅野勝人」（3月９日）

「ご心配をおかけして申し訳ございません。ケガと心がちょっとまだまだ伴いません。５月場所、頑張ります。白鵬翔」（3月９日）

モンゴルの英雄＝メダリスト逝く

「モンゴルの英雄。モンゴル相撲の大横綱。モンゴル初のオリンピック・メダリストのご逝去

白鵬の父、ジグジドゥ・ムンフバト氏と、杉山邦博氏。（写真提供：杉山氏）

をお悔やみ申し上げます。訃報にめげず、夏場所に向かって心身の鍛錬に励んでください。

ウランバートルのご葬儀には、横綱も面識のある私たちの仲間の林伸一郎が、つい先頃、公使として日本大使館に着任していますす。彼が日本政府を代表して参列してくれるそうです。浅野勝人」（4月10日）

モンゴルでは年に1回、国を挙げて祝う「ナーダム」という祭りがあります。ナーダムには、大統領も臨席して相撲大会が行われ、この大会に優勝すると国民的英雄となって、モンゴル相撲の横綱となります。父親のムンフバトは、22歳で横綱になり、5連覇を含む優勝6回。52連勝というたいへんな記録を残していますす。レスリング選手としても活躍し、1968年、メキシコ・オリンピックのフリースタイル87キロ級で銀メダルを獲得。モンゴル初のメダリストで、モンゴルで知らない人はいない国民的英雄です。近頃、男女ともモンゴルのレスリング選手が強いのは、ムンフバト大横綱の影響によるようです。

ちょっと母親、ジグジドゥ・タミルさんに触れておきます。家系は裕福な名門で、祖先をたどっていくと、チンギス・ハーンの一族に行き着きます。教育熱心な家庭で、タミルさんは内科の医師になり、患者から慕われる腕のいい女医さんだったそうです。

赤ん坊の頃のダヴァは、始終、熱を出して医師の母親を手こずらせました。タミルさんは、日本でいえば銀座のど真ん中のようなところで暮らしていることが、原因のわからない発熱を伴うと診断しました。そして、遠く離れた草原の親戚に預けて転地療養をさせた結果、ダヴァはすっかり元気になって、丈夫な少年に育ったといいますから、やはり名医だったに違いありません。

……わたし（杉山邦博）は、２００６年５月場所、東京国技館で白鵬のお父さんと一緒に白鵬初優勝の土俵を見届け、がっちり握手を交わしました。

実は、ムンフバトさんがメキシコ・オリンピックのレスリングで活躍したとき、現場で実況放送を担当していました。閉会式でも「モンゴルでオリンピック史上初めて銀メダルに輝いたムンフバト選手が笑顔いっぱい、メインスタンドに向けて大きく右手を振っています……」とアナウンスしたテープがいまも手許にあります。

40年の時間《とき》を超えて、父と子の活躍の場面に出会えた不思議な縁に深い感慨を覚えます。
（『土俵一途に』杉山邦博）

技を委縮させる横審の大罪

2018年5月、夏場所（東京・両国国技館）。もう待ったなし！

「なにも考えずに白紙でぶちかませ！　これまで積み上げてきた自らの実力を信じよう！　結果を恐れるな！　浅野勝人」（5月10日）

「上海・復旦大学の特別講義を終えて戻ったら11勝。横綱の勝ち越しは8勝にあらず、11勝以上です。ギリギリだが、ノルマ達成。休み明けの復帰場所の成績として十分です。浅野勝人」（5月27日）

2018年7月、名古屋場所（ドルフィンズアリーナ）。3連勝の白鵬、右膝痛めて4日目から休場。

2017年、九州場所での40回目の優勝以来、2018年に入ってから、1月、初場所（途中休場）、3月、春場所（全休）、7月、名古屋場所（途中休場）と不本意な土俵が続いています。一部に白鵬限界説が出ています。
２０１８年7月24日、私がブログに掲載した記事です。（安保研ネット、永田町竹割ネット掲載）

横綱つぶす〝横審の大罪〟

一般社団法人・安保政策研究会理事長　浅野勝人

大相撲夏場所は、3横綱と今が旬の大関を欠いた寂しい土俵となりました。在位の横綱全員休場は19年ぶりのことだそうです。

初日から3勝した白鵬は、右膝を痛めて4日目から休場。鶴竜は右肱の故障で7日目から休場。左肩痛の稀勢の里は連続全休で次の9月・秋場所に進退を掛けます。優勝最有力候補だった大関・栃ノ心は古傷が再発して7日目、無念の休場。残った力士のなかでは実力トップの関脇・御嶽海が順当に初優勝しました。但し、3横綱、1大関とは対戦していません。

白鵬の不調を心配して、多くの友人、知人から、

▼横綱審議委員長の「横綱の張り手、かち上げは見苦しい。見たくない」という白鵬に当てつけた発言は許容できません。まるで相撲規則で禁じられている違反をしているような誤

解を招きます。横綱の使命は勝つことにある。上品に振るまって負け続けるのが立派な横綱か、堂々と荒ワザを駆使して勝ち続けるのが真の横綱か、横審に惑わされないよう本人に伝えてください。

▼強烈な張り手を食らったり、立ち合いにガツンとかち上げられると、思うような相撲が取れない、と泣き言をいうのは関取ではありません。それに勝るワザを磨いて勝ち上がるのが力士です。横綱審議委員長の雑音は無視して、ガンガンかち上げて勝負に集中するよう横綱に申してください。

▼横綱に「かちあげ」はすべきでないというのは、ナンバーワン投手に剛速球をビシビシきめられたら打てないので、160キロ以上のボールは投げないように制限するのと同じことです。勝負とは何かを全く理解していない。

——同趣旨の指摘、そのほか多数。

「かち上げ」(搗ち上げ)は相撲の技《わざ》のひとつです。前腕をカギの手に曲げ、相手の胸をめがけてぶちかますカタ(形)です。かち上げは相手の体をおこしたり、ぐらつかせて後退させ、差し手を有利にする技です。「搗つ」とは「杵《きね》で臼《うす》の餅を搗《つ》く」という意味です。

横綱では、北の湖、朝青龍が得意技としていたそうです。八角理事長(横綱・北勝海)は「かち上げは好きだった。相手の胸に穴をあけるくらいのつもりで当たっていった。来るなら来いという意気込みで、当たりが良ければ相手はひるむ」と述べています。勝つための当然の戦法、見上げた勝負師の心意気です。

「張り手」も相撲のカタのひとつで、平手を横に振って、相手の顔や首の側面を叩《はた》いて出足を鈍らせる技です。両手で両耳を同時に張るのは禁じ手です。（相撲規則禁手反則第１条４項）

横綱が「張り手」「かち上げ」を技として使うのは下品なことでしょうか。どうしてもダメというのなら、８つの反則を規定している相撲規則禁じ手反則規則に「張り手」「かち上げ」を新たに加えたらいい。そうすれば「張り手」「かち上げ」は違反ですから反則負けとなります。ホントに相撲の技から「張り手」「かち上げ」を抹消し、大相撲の魅力を失墜させていいのですか。横審は、冷静に考え直す必要があります。（元内閣官房副長官）

２０１８年９月、秋場所（東京・両国国技館）

「全休明けの場所が始まります。幸い他の力士（進退のかかる稀勢の里。大関昇進が期待される御嶽海）に話題が集まっています。静かにそっとひとつずつ勝ちを拾っていきましょう。加油！　加油！　浅野勝人」（９月６日）

「いよいよ横綱生命をかける場所です。目立たないよう静かに静かに頑張ります。白鵬翔」（9月7日）

中日、全勝（8勝）で折り返し。横綱在位800勝を達成。2位は北の湖670勝。1年間6場所全勝して90勝ですから、800勝するには9年間勝ちっぱなしでないと達成できない勘定になります。新聞の見出しも〝誉め言葉〟が見つからないようです。それほど凄い偉業です。

「横綱800勝、努力を積み上げた結果に感服！　相撲道を究《きわ》めるホントの試練は、ここからです。いっそうの踏ん張りを期待します。浅野勝人」（9月16日）

「ありがとうございます。肝に銘じて頑張ります。白鵬翔」（同日）

11日目。

白鵬　押し倒し　高安

「連日、心技一体の充実した取り組みに魅せられます。前半の曲者は、貴景勝。後半の強敵は、高安と予測していました。今場所の立合いの集中力は凄い！　千秋楽まで緊張感を絶やさない。あとは、自らの心の隙と気付かぬ油断を警戒！　浅野勝人」（9月18日）
「あとちょっと頑張ります！　白鵬翔」（同日）

14日目。

白鵬　上手投げ　豪栄道

〈取り口解説〉
白鵬、すぐ左上手を引いて大きく上手投げ、西土俵に転がした。（杉山邦博）
千秋楽を待たずに41回目の優勝、幕内1000勝（2位＝魁皇879勝、3位＝千代の富士807勝）を達成。新入幕、2004年の夏場所初日、隆乃岩に初勝利してから14年あまり、よくよく耐えた相撲人生の結晶です。

「全ての記録を塗り替えました。白鵬翔の名は、双葉山と共に、〝大相撲千年〟の歴史に残ります。幕内1000勝は、通過点。これからは、己《おのれ》に克つしかない厳しい試練が待っています。次の1勝を目指して頑張るしか目標はない。浅野勝人」（9月22日）

千秋楽。

白鵬　送り出し　鶴竜

〈取り口解説〉
右四つがっぷり。鶴竜が寄るのを待って、左上手投げ。泳ぐ相手を余裕をみせて送り出した。ここという時の白鵬の集中力、まったくスキを見せない強さ、まだまだ続くとみる。（杉山邦博）

14回目の全勝優勝。

「肩の荷が下りました。しばらくボォーとしていたいです。白鵬翔」（千秋楽）

白鵬翔は、明日からまた、次の1勝を目指して、己との闘いが待つ果てしない〝孤独な旅〟に入ります。ひとり旅は厳しい。厳しいけれども「宿命ある人」だけが挑戦できる崇高な道標でもあります。

あの感動からしばらく経って、思い出したようにメールが来ました。モンゴルへ戻って母親に会い、父親の霊前に「いい報告」が出来て気持ちが落ち着いたのでしょう。

「優勝祝いのメールありがとうございました。改めてお礼申し上げます。白鵬翔」（10月1日）

「ＮＨＫの大相撲解説でふだん横綱には辛口コメントの元横綱・北の富士が『今場所の白鵬は、横綱になってから一番強い』と不思議がっていました。なにも不思議なことはない。立ち合いに全神経を一点に集中できる、これほどのアスリートはいない。１００メートル競争の一流選手のダッシュより鋭い。しかも15日間途切れていない。極度の緊張感をよくぞ持続させました。見事でした。浅野勝人」（同日）

「萬葉版画」（宇治敏彦　作）

第6章　右膝――骨折

「右膝の骨を骨折してしまいました。頑張ったけどダメです。すいません。巡業を切り上げて東京へ戻って入院、手術。早く治して次の場所に具えます。白鵬翔」（10月12日午前10時12分）

「全勝優勝。幕内1000勝。先場所、見事にけじめをつけました。先ゆきの心配は無用。安静、治療に専念することが肝要です。白鵬翔の〝レジェンド人生〟はこれからです。浅野勝人」（同日）

2018年10月14日、骨折公表、報道。17日入院、18日手術と決まる。手術の成功を祈願！

「先ほど、無事、手術終わりました。ありがとうございました。白鵬翔」（10月19日、午前1時5分）

「なにか連絡があるような気がして、ズーと起きていました。よかった！　よかった！　ホッとしました。浅野勝人」（同日、午前1時7分）

2018年11月、九州場所（福岡国際センター）。白鵬、全休。

2019年1月、初場所（東京・両国国技館）

初日。

白鵬　はたき込み　妙義龍

「膝の骨を折って、手術してからわずか3カ月とは思えない鋭い動き。さすがです。欲を出さずにひとつずつ丁寧に取り組んで下さい。勝負は立ち合いの一瞬にある。浅野勝人」（1月13日）

「立ち合いが良かったです。白鵬翔」（同日）

稀勢の里、初日から3連敗。遂に引退を表明（16日）。2002年5月場所の初土俵以来、横綱昇進（2017年初場所）まで休場したのは1度だけの「休まない力士」が、横綱になってからはケガが完治しないまま、無理をして土俵に上がり、ケガを悪化させて休みがちになりました。稀勢の里はケガとの悪循環を断ち切れないまま土俵を去ります。無念！

「稀勢の里、案じていましたが、とうとう引退。白稀時代の到来が中途半歩に終わって残念至極です。浅野勝人」（3月16日）

「淋しいです。託されたと思っています。白鵬翔」（同日）

11日目。

御嶽海　押し出し　白鵬（3秒05）

〈取り口解説〉

全勝で独走している白鵬の相手は、稀勢の里、鶴竜を破りながら、左太腿筋損傷で途中休場、今日から再出場の御嶽海。左ひざに厚いサポーターを巻いて土俵に上がった痛々しい御嶽海に、白鵬は相手の様子を見ながら緩《ゆる》い立ち合い。御嶽海が押してくるのを、右から半端で不用意な「いなし」をみせ、あっけなく押し出されてしまった。どんな状態の相手でも、土俵に上がったからには厳しく取り組まないといけない。（杉山邦博）

「横綱はやさしい！　ケガの力士（御嶽海）をかばった立ち合いの気遣いがＴＶ場面を通じて

私には伝わってきました。明日からは引き締めた方がいい。浅野勝人」（1月23日）

12日目。

玉鷲　押し出し　白鵬（6秒02）

13日目。

貴景勝　突き落とし　白鵬（3秒09）

〈取り口解説〉

きのう思いがけず連敗した白鵬は、右足を出しただけで相手を見る立ち合い。下から当たった貴景勝が、すぐ左に動いて突き落とす。白鵬は、まったく残せず土俵中央にバッタリと両手をついた。別人の相撲をみているような錯覚をおぼえる。故障にちがいない。（杉山邦博）

白鵬3連敗——。

「負け方が奇妙です。手術した右膝の具合がよくないのではないですか。骨折した膝の痛みが再発していますね。これ以上の無理はダメ。浅野勝人」（1月25日）

14日目から白鵬休場。膝と足首の故障と発表。

玉鷲が13勝2敗で初優勝。初土俵以来15年間で90場所、休場1日もなし、皆勤。賜杯にふさわしい価値ある優勝です。

2場所連続優勝を逃した22才の貴景勝の未来は無限ですが、34才の玉鷲にとっては、おそらく最初で最後の優勝でしょう。同じウランバートル出身力士の貴重な優勝を、白鵬はどんなにか喜んでいるにちがいありません。

「初場所ご苦労さまでした。1敗目は、御嶽海のケガをかばって、遂《つい》ゆるめたと想像しました。玉鷲には巧い相撲を取られて負けたと思いました。3敗目の貴景勝との立ち合いで、これはただ事ではないと気付きました。手術した膝の痛みを再発させる取り組みがあったと推測しました。星取表を遡《さかのぼ》っていくと、4日目、北勝富士との取組で、九分九厘負けていたのに、徳俵でくるりと回ってわずかに残して土俵下に落ちました。あの時、ガツンと右膝を打った？他に右膝を痛めるケースは思い当たりません。

私の見立てが当たっていたら、5日目以降、痛みを堪《こら》えて土俵を務めていたことになります。貴景勝との取組が痛みのピークだった。相撲にならなかった謎が解けます。

大相撲を支える『ひとり横綱』の責任を果たしたい一心で頑張ったのだと思います。『ひとり旅』は苦しいが、多くの人が理解して見守ってくれています。これでへこたれたら〝平成の大横綱〟の名が廃《すた》る。再起あるのみ。浅野勝人」（1月27日）

「なにもかもお見通しです。わかってくれる人がいると心強いです。しばらく心身を休めて、もうひと踏ん張りします。白鵬翔」（1月27日）

1月28日、横綱審議委員会。ケガで途中休場したモンゴル出身の二人の横綱に「ためにする悪意に満ちた発言」がありました。

宮田亮平委員

「白鵬は本当にケガをしたのかねえ？　負けが込んで休むのは何か違うと思う」。鶴竜については「忘れちゃった。話題にもならなかった。それも困るよな」苦笑。

北村正任委員長

白鵬、鶴竜の休場について、「〝変じゃないか〟という声があった。大けがをしたようには見えない」

アスリート生命をかけて、ぎりぎり頑張っている力士の心身の苦悩をなんと思っているのか。特にモンゴル出身力士に対する侮蔑の情がありありと透《す》けて見える。責任ある立場の人にしては、あまりにも配慮に欠けた発言です。宮田とかいう横審委員、「あなた、文化庁長官ってウソでしょ！」

（朝日新聞２０１９年1月30日）

横審、ご意見番果たせているか

稀勢の里の引退が話題となり、玉鷲の初優勝で幕を閉じた大相撲初場所後の横綱審議委員会（28日）で残念な発言が出た。任期満了で退任する北村正任（毎日新聞社名誉顧問）委員長が会見で白鵬、鶴竜の両横綱の途中休場について「大けがをしたようには見えない」などと不満を示した。

2人とも横綱として満足のいく相撲が取れないと判断したのだろう。ただ、「今、それを言うのか」という気持ちが強い。なぜなら、負傷当初はともかく、横綱最多の8場所連続休場した稀勢の里の時は擁護ばかり。この日も「ファンのためにあれだけ頑張った」とかばったのだから。

退任に当たり、「実は稀勢の里の時から考えてはいた」なら分かる。だが、応援する力士がいなくなった途端、手のひらを返したように懐疑的になるとは、とても各横綱を公平に見ているとは思えない。

以前の横審といえば、好角家の集まりで、外国出身の曙が横綱だった際、日本出身の横綱を望む相撲協会が貴乃花を推挙した時に「時期尚早」と押し返したこともある。現在の横審が、角界のご意見番の役目を果たせているのか。疑問を感じてしまう。（竹園隆浩）

横綱審議委員会のあり様に疑問を呈した竹園記者のコメント。同感です。あなたは、大相撲の「真の理解者」です。

外国籍の力士を異端視し、誤った風潮に警鐘を鳴らす、あなたのような公正で思慮深いスポーツ記者がいる限り、力士たちは安堵して精進できます。

経もなく
緯も定めず
娘子らが
織るもみち葉に
霜な降りそね
1/50
8-1512
9th/Feb/2010
Toshihiko

「萬葉版画」（宇治敏彦　作）

第7章　勝ちに行く意欲が萎《な》えたら、土俵を去ります！

2019年3月、春場所（エディオンアリーナ大阪）

「無心！　無心！　浅野勝人」（初日10日、正午）

初日。

白鵬　突き落とし　北勝富士

「33歳、今日最後の夜です（笑）白鵬翔」（初日夜）

2日目。

白鵬　押し出し　遠藤

〈取り口解説〉

じっくり相手を見て立つ。双葉山の立ち合いをDVDを繰り返し見て会得した「後《こ》の先《せん》」を

実践。ひと腰降りているから押されない。いちど離れたが、まっすぐ押して完勝。横綱の余裕を感じた。（杉山邦博）

「誕生日を勝利で飾っておめでとう！　1才、歳を取って（※1才取《と》る＝引く。33－1＝32）32才になりましたねぇ。まだまだ若い！　楽しみながら相撲道の奥義を執拗に求めてください。浅野勝人」（2日目、夜）

3・11誕生日　白鵬の宿命

2019年3月12日、朝日新聞の記事です。

白鵬にとって「3月11日」の土俵は4年ぶり。そこには二つの特別な意味があった。自身の誕生日、そして東日本大震災から8年。「(重なったのは）宿命と言うかね……」。八……8年前の3月。大阪に相撲ファンの歓声が巻き起こることはなかった。震災発生は、八百長問題で春場所の開催中止が決まって間もない頃だ。一人横綱だった白鵬は、力士会長として復興支援の先頭に立った。

3カ月後、東北の沿岸被災地を慰問し、岩手県山田町などで土俵入りを披露した。「震災以降も続いた余震が、土俵入りの次の日は止まった」。後《のち》にそんな話が伝わってきた。大地を鎮めるとされる横綱土俵入り――。白鵬は「目には見えない細い糸で（相撲と被災地が）繋がっていると確信した」。

……あれから8年。大横綱は平成最後の場所に一つ歳を重ね、34歳。……震災以後の3月11日は、これで5戦全勝。「一生懸命勝つことで、被災地に勇気を与えられたかな」。千秋楽に賜杯を抱く姿も、被災地へ届けるつもりだ。（松本龍三郎）

11日目。

白鵬　上手投げ　貴景勝

〈取り口解説〉

貴景勝が下から再三押したて、押し上げる。白鵬は左右から張り手を見せながら距離をとる。押すだけ押させておいて、機をみて右を差す。左で上手を引くやいなや上手投げ。大きく派手に転がり落とす。番付の重さを存分に感じさせた一番。（杉山邦博）

「見事でした。感動した！　勝ちに徹底してこだわる勝負師の執念に満ちた土俵でした。オーラが発散していました。今日の勝負は、まだ若い力士の『壁』になれるか、そろそろ『壁』も限界か、瀬戸際の取組と思って視ていました。すでに長いこと力士を育てる『壁』の役割を果たしてきましたから、もう十分。負けてもいいと思っていました。ところが、お相撲の神様から、引き続き『壁』となって、大相撲を引っ張っていく任務を授かりました。これは、白鵬翔の宿命です。この上は、燃え尽きるまで勝ち続けるしかありません。

明日から、また、あと1勝、あと1勝。自分との闘いの待つ『ひとり旅』が始まります。『孤独な旅』こそ自分と向き合える貴重な機会です。浅野勝人」（11日目夜）

「むきになって勝ちに行く意欲が萎《な》えたら、土俵を去ります。白鵬翔」（同日夜）

千秋楽。

白鵬　下手投げ　鶴竜

〈取り口解説〉

差し手争いから左四つ、胸が合って寄りあう。互いに巻き替えて右四つになる。こうなれば白鵬。まわしを引きつけ、寄りながら下手投げ。両者、東土俵青房下へどっと落ちた。直後、白鵬は右上腕を抱えて苦悶の表情。右上腕を左手でかばいながら勝ち名乗りを受けた。（杉山邦博）

白鵬、42回目の優勝。全勝優勝15回。投げを打った際、右腕を痛める。激痛。表彰式で賜杯が持てず、土俵上の朝日山審判の助けを借りる。

2019年春場所表彰式。
優勝42回、全勝優勝15回目。

「見事に〝平成最後の大相撲〟を全勝優勝で締めくくりました。痛みを堪《た》える右腕の様子を見て、ことばもありません。来場所のことは考えずに、ゆっくり躰を休めて、労《いた》わり、愛惜《いとお》しんでやってください。浅野勝人」（3月24日夜）

「ありがとうございました。ちょっと肉がキレたみたいです。（右上腕二頭筋切断＝稀勢の里と同じ負傷）ご心配をおかけしましたが、大丈夫そうです。今場所は、肢体が思い通りに動いてくれました。これまでの土俵で最高の反応でした。心技一体を感じさせてくれた場所でした。天皇陛下からいただいたあの時の手紙に支えられて頑張ることができました。〝平成〟に育てられ感謝しています。白鵬翔」（3月25日）

「はじめに」で触れましたが、2010年、名古屋場所で横綱・白鵬優勝。ところが、この時、角界は野球賭博のあおりで大揺れの最中だったため、相撲協会は天皇賜杯を辞退しました。白鵬は賜杯無き優勝となりました。場所後、天皇陛下から、3場所連続全勝優勝した白鵬を讃える「ねぎらいと祝い」の文面の入った書簡を賜り、白鵬は落涙しました。白鵬翔が、平成を一人横綱で耐え抜いた源泉は〝陛下の書簡〟にありました。

見知らぬ人からのメール！

……「永田町幹竹割ネット」で、ブログ「続・白鵬翔とのショートメール」を読みました。白鵬は、横綱として長い間、角界を背負ってきた功労者なのに、強過ぎることへのやっかみ、日本人でないことへの嫌がらせが絶えません。今場所も表彰式でファンの手を借りて「三本締め」をした手拍子に、理事から「強ければなにをやってもいいと（白鵬は）勘違いしている」とクレームがあったと報道されました。ファンは喜んで一糸乱れぬ三々七拍子で平成を締めくくり、大喝采でした。横審や理事とファンとの感覚のずれを感じます。

新しい相撲界がどのようにファンと向き合っていくべきか、真剣に考えている横綱のどこが出過ぎなのか、何が悪いのか、私は感情的な批判に違和感、不公平感を感じます。

ブログを読んで、白鵬は、浅野安保研理事長のような心の支えがあるから納得しがたい扱いにも耐えられるのだと思いました。本音を理解してもらえる、安心して弱みも見せられる、全てを公正に受け入れる力量のある人はなかなかいません。異国の地で日本文化を支え続けている横綱・白鵬にとって、それは何ものにも代えがたい存在なのだと思います。

これからも心の支えになってやってください。私も微力ながら、そんな白鵬翔を応援します。

——どうやら真に大相撲を愛する同士がひとり増えたみたい！

「右上腕二頭筋切断、その後の経過はいかがですか。案じています。浅野勝人」（4月10日）

「今日も病院へ行って治療しました。筋肉が3割くらい残っているみたいです。神さま〝まだちょっと相撲やってください〟ですね。白鵬翔」（4月11日）

「それはよかった。なにより！　なにより！　相撲の神さま、なかなか楽させてくれませんね。但し、来場所（五月場所）の出場にこだわらない方がいい。稀勢の里の二の舞は避けましょう。浅野勝人」（同日）

白鵬 ―― 相撲道の追求、決意

2019年4月18日、『朝日新聞』の記事です。

横綱白鵬が引退後も角界に残り、相撲道に生涯を捧げる決意を固めた。17日、日本国籍取得の手続きを進めていることを認めた。法的に認められれば、白鵬は「親方」として年寄名跡を取得し、日本相撲協会で活動を続けることが出来る。

協会では、力士が引退する際に年寄名跡を取得出来なかった場合には、部屋の経営などに携わる親方にはなれない。条件は、実績と日本国籍。歴代最多42度の優勝がある白鵬は、実績は十分ながら、モンゴル国籍のままだと条件から外れるため、角界を去らねばならない形だった。以前の白鵬は日本国籍を持たないまま、大鵬、北の湖、貴乃花に続く「一代年寄」の授与を強く希望していた。だが、協会側は北の湖前理事長（元横綱）時代から、外国籍の年寄誕生には一貫して否定的だ。

……相撲の普及、指導にも熱心な横綱は、国内外から千人を超える参加者が集まる小、中学生の相撲大会をも主催する。土俵人生の集大成を迎えつつある白鵬が、先を見据えて自らの国籍よりも相撲道の追求を選んだことに深い敬意を払いたい。（竹園隆浩）

竹園記者の解説記事には、事実の裏付けに伴う公正な判断と力士を思いやる〝偏らない情〟があります。近頃は、事実関係の確認さえあいまいなまま、むやみに批判するのがジャーナリズムと勘違いしている記者が多い中で、彼の解説記事には大相撲に対する責任感と愛着を感じます。我が意を得たりと溜飲が下がります。

日本国籍取得で〝政界転出の夢〟断念！

2年ほど前でした。ごく内輪で白鵬の「帰化」の是非が話題になったことがあります。反対は私一人でした。私の主張は、相撲を引退したらモンゴルへ帰って国会議員選挙に出馬する。そして大統領を目指す。白鵬翔の明晰な頭脳と力量、加えて家系は、モンゴル大統領にふさわしい。日本との絆の深い大統領は、モンゴルの人々、東アジアにとって、貴重な存在になります。モンゴル憲法2条3項は国会議員選挙に立候補できるのはモンゴル国籍を有する人に限ると規定しています。当然のことです。引退後もしばらく相撲を続けたいのなら、モンゴル国籍のまま大鵬、北の湖、貴乃花に続いて、秀でた功績を残した横綱に授与される「一代年寄」として親方になって、角界に恩返ししたらいいと考えました。

ところが、仲間のみなさんから、本人の意思は、相撲が好きで好きで、生涯土表から離れたくないと強く念願している。名門校に通学している子どもたちの教育問題など家族の事情も蔑《ないがし》ろにはできない。すぐ選挙や政治・行政を優先させる政治家ＯＢの見解は、短絡的で配慮に欠けると指摘されました。

以来、日本国籍取得が既定の方針となっていましたが、私はあきらめきれませんでした。当時、横綱審議委員会の海老沢勝二委員長（元ＮＨＫ会長）が、ＮＨＫ時代4年先輩で、海老沢政治部長、浅野政治部副部長だった関係から、モンゴル国籍のまま親方になれる「一代年寄」を、実績に応じて外国籍力士にも認める規定が作れないものか相談しました。海老沢委員長は、個人的には「モンゴル国籍のまま、白鵬の一代年寄は、もっともな要望と思うので尽力する」と言ってくれましたが、多勢に無勢、協会に応じる気配は皆無でした。

モンゴルでは、父親の葬儀から1年間は喪に服すしきたりがあります。去年4月に亡くなった父親、ムンフバトさんは、生前、白鵬がモンゴル国籍から日本国籍に移ることに理解を示していたそうです。ですから、日本国籍取得の手続きはいつでもOKでしたので、喪が明けるのを待って、今回、手続きに踏み切ったと聞き及んでいます。

もっとも白鵬が日本国籍取得を決断するについては、紗代子夫人との結婚と無縁ではなさそうです。ふたりが出会ったのは、白鵬がまだ十両の時で、白鵬18才、紗代子さん19歳、学習院大学法学部に通っている折でした。

いきなり、〝ビッビビッ〟ときた。一目惚れだったと白鵬は白状しています。以来、携帯でメール交換が始まり、交際が深まっていったようです。

2006年5月、夏場所で、新大関として初優勝した機会に「横綱になったら結婚してください」とプロポーズしました。横綱・白鵬翔と和田紗代子の結婚式の仲人は、前述した海老沢勝二夫妻ですから、著者とは無縁ではありません。2007年5月10日に長女誕生。翌年の9月場所直前の9月2日に長男が生まれました。「長男誕生の喜びをパワーにして優勝した」と自ら語っています。

「おじいちゃん、おばあちゃんになっても手を繋いで仲良く暮らそう」と紗代子さんを口説いたそうですから、日本国籍取得に反対した著者に、もともと勝ち目はありませんでした。

(2019年9月3日、白鵬の日本国籍取得が官報に告示されました。これにより「一代年寄」として親方になる資格が得られました)

「三本締め」は怪《け》しからん！——白鵬譴責処分

相撲協会が横綱・白鵬を「譴責処分」にしました。（2019年4月24日）

春場所、千秋楽、優勝表彰式のインタビューが終わった折、祝いと感謝の気持ちを込めて、ファンと共に「三本締め」をしたことを規則に違反する越権行為と判定した懲戒処分です。相撲協会のコンプライアンス規程は、相撲道の伝統と秩序を損なう行いを「違反行為」と定めています。「三本締め」は、本場所の前日、場所の安全と成功を祈願する「土俵祭」で迎えた〝神〟を最終日に送り返す「神送りの儀式」を締《し》める際に行われます。千秋楽に出世力士が土俵に上がって神酒を振舞われたあと、三々七拍子で締めるのが慣《なら》わしです。白鵬が神送りの神事を無視して、勝手にファンと共に三本締めをしたのは、神事を無視した相撲道に反する振舞いというわけです。

「相撲ファンのみなさんのおかげで平成の土俵を立派に締《し》めることが出来ました。次はいよいよ令和の場所が始まります。引き続き、大相撲への更なるご支援をお願いいたします。それでは三々七拍子で締めくくりたいと思います。お手を拝借！」と述べた優勝力士・白鵬の前口上を、処分を主張した一部の理事はなんと受け止めたのか。

42回目の優勝、しかも平成最後の土俵を全勝優勝で飾ることのできた喜びと感謝の気持ちを全国の相撲ファンに伝えたいと念じて行った手拍子が、神への冒涜としか映らない相撲協会の一部の理事に理解を求めるのは無理なのかもしれません。「ファンと一緒に三々七拍子で時代の区切りの土表を祝うとは、白鵬もやるねえ!」と微笑んで、そのあと、神送りの儀は伝統に則《のっと》って粛々と行なえばいい。それだけのこととわたしには映ります。横綱・白鵬が表彰式のあと土俵で行われる「神送りの儀式」を知らないはずはありません。

「譴責処分に恐れ入ることはありません。喜びと感謝をファンと共に分かち合いたいと思った横綱の気持ちは全国の人が理解しています。ただ、往々にして、どんな素晴らしい言動にも別の判断をする〝へそ曲がり〟がいます。何事も事前に親方に相談すると無難です。浅野勝人」(4月26日)

「了解です。ご心配をおかけしました。伝統を無視したり、協会を蔑ろにする気は微塵もありません。賜杯を賜る天皇陛下への感謝の気持ちを込めて〝平成〟を締めくくれば、ファンの皆さんもきっと喜んでくれるにちがいないと思っただけです。ただ、親方にもご迷惑をおかけして申し訳ないと思っています。おっしゃる通り、これからは何事もまず親方に相談します。肝に銘じて心がけます。白鵬翔」(4月28日)

〈参考文献〉（順不同）

『相撲よ！』（白鵬翔著、角川書店２０１０）
『横綱の品格』（双葉山定次著、ベースボール・マガジン社２００８）
『力士の世界』（33代木村庄之助著、文春新書２００７）
『相撲の歴史』（新田一郎著、講談社学術文庫２０１０）
『勝ち抜く力』（白鵬翔著、悟空出版２０１５）
『白鵬伝』（朝田武蔵著、文藝春秋２０１８）
『土俵一途に――心に残る名力士たち』（杉山邦博著、中日新聞社２０１６）
『日中秘話　融氷の旅』（浅野勝人著、青灯社２０１５）

「萬葉版画」（宇治敏彦　作）

第8章　平成〜令和を征《ゆ》く決意

天皇陛下が4月30日に退位し、皇太子さまが1日、新天皇に即位されました。生前退位は202年ぶりのことだそうで、憲政史上初めてです。元号も平成から令和に代わります。

天皇陛下は、退位礼正殿の儀で、天皇として最後の「おことば」を述べられました。短いおことばの中で「天皇としての務めを、国民への深い信頼と敬愛をもって行い得たことは、幸せなことでした」「象徴としての私を受け入れ、支えてくれた国民に、心から感謝します」とお述べになりました。

天皇陛下の最後のメッセージはこの二つのフレーズに尽きます。陛下から国民一人一人につながる〝敬愛の回路〟、国民一人一人から陛下につながる〝尊敬の回路〟が生き生きとして機能していたことに満足され「幸せなことでした。心から感謝します」と総括されました。私どもこそ、日本の国家元首にふさわしい天皇陛下を戴くことが出来て「感謝の気持ちでいっぱい」です。白鵬は、角界が最悪な時期に、陛下から励ましの書簡をたまわり、それを心の支えに苦難の時を乗り越えましたので、自分が育てられた平成の御代（平成天皇）に特別な思いを持っています。

「平成を背負った〝大横綱〟の誇りを胸に、令和の土俵に臨んでください。但し、横綱は勝つのが使命です。右上腕二頭筋断裂が十分回復しないまま、5月場所に無理に出場すべきではありません。令和最初の場所とはやし立てられてその気になったら破滅のモト。自分に正直であれ!!　今はこれが一番。　浅野勝人」（5月1日）
「体調から判断して休みたいな――と思います。白鵬翔」（同日）
「同じ負傷をして苦しんだ稀勢の里を訪ねて、〝全休〟と〝出ては負けて途中休場〟を繰り返して苦しんだ、あの体験を直接聞いて、学ばせてもらったらいかがですか。稀勢の里はきっと『あわてるな。じっくり治せ』といいますよ。浅野勝人」（5月2日）
「以前のように目先にこだわらず、もう少し先を見据えています。白鵬翔」（同日）

5月9日、3日後に始まる夏場所（2019年）、白鵬、休場。
宮城野親方が記者発表――「相撲がとれる状態ではない。無理せず、休んで右上腕二頭筋断裂を直すことが先決です」。

不甲斐ない上位陣 ―― 平幕・朝乃山優勝

2019年5月、夏場所（東京・両国国技館）。白鵬の負傷・休場で、優勝争いは混とん。横綱、大関、10勝すれば大関返り咲きの関脇・栃ノ心、上位陣は誰にも優勝のチャンスがあります。

大関になって、はじめての土俵と向き合う貴景勝は、「どんな大関になりたいか」と問われたＮＨＫのインタビューに、

「それを言ったら、そこ（大関）で止まってしまう。もうひとつ上がある。横綱をめざす大関でありたい」と応じました。

私はイチロー選手のインタビューがあるとメモの用意をしました。実戦の経験豊かな哲学者の深いことばが聞けるからです。貴景勝も似ています。イチロー選手の域にいずれ近づいて欲しいと期待いたします。

その貴景勝が、4日目、負け続けている御嶽海に勝ちました。ところが、投げを打った際に右ひざ内側の靭帯を損傷、全治3週間のケガをして休場することになりました。「ぐきっ」という音がしたと言っています。

「無理に出て、有望な若い力士の相撲人生を終わらせるわけにはいかない」と述べた千賀ノ浦親方の判断は正しい。残念至極だが、スポーツ選手にケガは付きものです。ケガとどう付き合っていくか、アスリートにとって何より大事な対応です。

「貴景勝がケガで休場。誠に残念です。なにかアドバイスありますか。浅野勝人」（5月16日）

貴景勝、8日目、中日から再出場。

碧山　はたき込み　貴景勝

貴景勝、9日目から再休場。結局、休場から再出場のち、再休場となりました。

「ケガが完治するまで待つ余裕は幕内力士にはありません。ですけれども、痛みを感じなくなったから再出場というのはどうだったでしょうか。そんなに土表は甘くない。若い大関の先は長い。焦りは禁物です。無理は避けて今場所は身体をいたわった方が角界のためです。白鵬翔」（5月20日）

三役の経験のない平幕力士・朝乃山（西・前頭8枚目）が12勝3敗で優勝しました。場所前、誰にも優勝のチャンスはあると申しましたのは、横綱、大関、関脇、小結までを想定してのことでした。平幕力士に優勝をさらわれたのは、裏を返せば上位陣の不振が招いた結果のあらわれです。鶴竜11勝、豪栄道9勝、高安9勝、栃ノ心10勝では平幕力士が優勝しても不思議ではありません。

千秋楽、令和初の国賓として来日したトランプ大統領が安倍首相の案内で大相撲を観戦しました。最後の5番を観て、優勝した朝乃山に「米国大統領杯」を手渡しました。率直に言って、5番とも覇気の乏しい物足りない取組でした。格闘技好きで目の肥えたトランプ大統領には〝通じるものがない競技〟と映ったのではないかと私は案じました。AP通信は「大統領はいくぶん退屈そうだった」とキャリーしました。

それにしても、最後の取組が終わったあと行われる古式豊かな〝弓取式〟を大統領に観《み》せずに退場させた協会の土表に対する思いの不足にガッカリしました。もともと弓取式は「勝者の舞」です。中川部屋・春日龍の見事な弓さばきと四股はトランプをきっと感動させたにちがいありません。

炎鵬は、朝稽古のわたしに惚れたみたい！

ところで、関取で一番小柄な前頭14枚目、初入幕の炎鵬（169センチ、99キロ）が7勝8敗と善戦しました。体重が2倍以上の関取を倒す巧みな技が連日土俵を沸かせました。どういうわけか白鵬の宮城野部屋には、石浦、炎鵬と小兵《こひょう》力士がそろっています。

「白鵬翔のいない場所はどうにもしまらない。二桁勝つのがやっとこさっとこの横綱、大関ぞろいでは情けない。アメリカ大統領に内容の乏しい相撲を観せてしまって恥ずかしい。特に古式豊かな『弓取式』を見せずに大統領を退席させたセンスの無さに私はガックリきた。

炎鵬をスカウトしたのは横綱だそうですね。眼力はさすがです。浅野勝人」（千秋楽、5月26日）

「浅野先生がいつもおっしゃっている通り、巡業がたくさんで年6場所は、絶えず好成績を期待される横綱・大関にとっては大変キツイです。けれども、すべての状況、条件に耐えるのが横綱・大関の責務だと私は心得ています。みんな同じ気持ちだと信じています。それにしても、参考になる〝いい相撲〟は少なかったですね。

炎鵬は、わたしの朝稽古を見て、わたしに惚れたみたいです（笑）白鵬翔」（5月27日）

「四股名《しこな》も横綱が名付け親？　浅野勝人」（同日）

「はい、そうです。白鵬翔」（同日）

全休明けの名古屋場所が近づいてきました。

「いよいよ相性のいい名古屋場所です。大関と三役、幕内上位陣との実力に差がなくなってい

ます。その中で横綱の立ち位置は歴然としていなければなりません。強い決意で臨んでください。浅野勝人」（6月27日）

「そのように自覚しています。土俵は厳しくなりますが、幕内力士の実力の底上げは望ましいことです。白鵬翔」（6月29日）

「怪我のせいにはできません！」

2019年7月、名古屋場所（ドルフィンズアリーナ）。

5月場所、大怪我全休の白鵬再登場。

初日に厄介な相手との取組になりました。新小結・阿炎には初顔合わせの折、押し出されて負けています。組めば負けないのは分かっていますが、組ませない高速ピストン並みの突っ張りにどう対処するか、横綱はどんな策でのぞむのでしょうか。

初日。

白鵬　　はたき込み　　阿炎

「こんなにホッとした気分は、久しぶりです。初日がすべてと思っていました。手ごわい相手を危なげなく退け、安堵しました。鶴竜も万全な取り口で勝ってよかった。両横綱にとって、いい七夕になりました。浅野勝人」（7月7日）

「今日は良かったです。ちょっと不安もありましたが、思い通りに身体《からだ》が動いてくれました。これならいけます。白鵬翔」（同日）

案の定、番付上下の実力に差がなくなってきました。前頭2枚目・遠藤が大関・栃ノ心を上手出し投げで、前場所優勝の前頭筆頭・朝の山が大関・豪栄道を寄り切りでそれぞれ破りました。観客の様子も予想の範囲内という静かな反応です。

朝乃山の明日の対戦相手は横綱・白鵬。朝乃山の優勝は、白鵬不在の前場所でした。〝朝乃山〟の真価が問われる大一番を〝横綱・白鵬〟がどう受け止めるか、初日に続いて2日目も今場所最大の見どころになります。

2日目。

白鵬　　上手投げ　　朝乃山

〈取り口解説〉

すぐ右四つ。両まわしを引きつけて胸を合わせ、相手の動きを封じた。これで勝負あり。豪快に投げ飛ばした。第一人者の強さ、高い〝壁〟の存在を先場所優勝力士に思い知らせた。（杉山邦博）

注目の一番。横綱はがっちりと受け止め、余裕を持って倒し、世代交代を退けました。朝乃山には〝厚い壁〟でした。稽古がまだまだ足りません。

「勝負にゆとりがありました。さすがです。上を目指して精進する力士たちの模範となりました。若い頃から怠らなかった稽古量の多さが横綱を支えているからです。朝乃山はどっしりと重い感じがします。有望株ですね。本格派の力士に育ててください。浅野勝人」（7月8日）

「壁になりました。朝乃山は理想的な相撲取りの身体《からだ》をしていて重い。一瞬の判断が勝負を分けることを体験したと思います。これで一段と成長します。白鵬翔」（同日）

「世界ボクシングミドル級タイトルマッチ。村田諒太選手は、前回、無残に打ちのめされたロブ・ブラント（米）を2回、2分34秒でTKO。見事にリベンジを果たし、世界チャンピオンに返り咲きました。試合のあと『やはり練習はウソをつかない』と言いました。浅野勝人」

（7月12日）
「かみしめます。白鵬翔」（7月13日）
　9日目、白鵬が逸ノ城に寄り切られ、久しぶりに座布団が舞いました。鶴竜は危なげなく全勝。俄然、10日目の白鵬の取組に大方の注目が集まります。
10日目。

白鵬　　突き落とし　　玉鷲

「必ず勝つという気迫が、捨て身で金星ねらいの関脇・玉鷲《たまわし》を斥けました。もう優勝しかない。浅野勝人」（7月16日）
「ハッパをかけていただきありがとうございます。いつの場所でも目標は優勝です。白鵬翔」（同日）
「安美錦関が引退を表明しました。同じ一門でしたから、新弟子の頃から稽古をつけてもらいました。寂しい思いはしますが、感謝の気持ちでいっぱいです。これからは指導者として技能派の力士を育ててほしいです。白鵬翔」（同日）

安美錦（40）は関脇まで務めた関取最年長の西十両11枚目。青森県深浦町出身、伊勢ケ浜部屋。いかついサポーターをはめて頑張っていた右膝をまた痛めて休場し、遂に引退のやむなきに至りました。今場所で元大関・魁皇の関取在位117場所の歴代最多記録に並びました。通算1805回出場して、1891回の大潮（式秀親方）、1871回の旭天鵬に次いで歴代3位の記録を残しました。40歳9か月での引退は、関取の最高年齢記録の4位です。（1位、藤ノ里41歳9か月。2位、能代潟41歳1カ月。3位、旭天鵬40歳10カ月）引退後は、年寄「安治川」を襲名し、安治川親方として後進の指導に当たります。

安美錦竜児は1978（昭和53）年10月生まれですから、またひとり昭和の関取が姿を消します。

14日目。

琴奨菊　　寄り切り　　白鵬

明日の千秋楽、13勝1敗の鶴竜と12勝2敗の白鵬。横綱同士で優勝を決めます。またこのパターンです！

「破れた逸ノ城、琴奨菊とは相撲を取っていません。勝つときのいつもの立会いではありません。半テンポ遅れています。鶴竜とはガチっと相撲を取れば勝ちます。納得のいく相撲を取って、それで負けてもＯＫです。不完全燃焼はダメ。『東の正横綱』に胸を借りるつもりでぶち当たれ！　浅野勝人」（７月20日）

千秋楽。

鶴竜　寄り切り　白鵬

〈取り口解説〉

すぐ右四つ、寄り合いのあと胸を合わせて左四つ。互いに寄り、投げの気配を見せたが、決め手を欠く。鶴竜があごを引いて寄り切った。

ファンはがっぷり四つの長い相撲に大拍手だったが、寄り切られた白鵬の執念が淡白に透《み》えた。白鵬に本割（白鵬が勝つと13勝２敗となって鶴竜と相星となる）、優勝決定戦と２番取る心の準備がなかったのか。それともケガの再燃かもしれない。来場所が見もの。（杉山邦博）

鶴竜14勝１敗で６回目の優勝。白鵬12勝３敗。炎鵬９勝６敗、技能賞。優勝を逸した白鵬もこれでご機嫌！

「ご苦労さまでした。鶴竜との取組を見ていて気付いたのですが、右上腕二頭筋断裂の大怪我が、実は完治していないのではないか。初日から技と経験でしのいできたが、後半大詰めにきて、ここぞという時に力が入らず、ズルズルと土俵を割った。もし、そうだとしたら年内の場所をお休みしてでも完全治療が肝要です。オリンピック直前の来年3月場所、5月場所でも、白鵬翔は優勝を争う横綱でいて欲しいと念じているからです。浅野勝人」（7月22日）

「思い切り戦えたのでサバサバしています。炎鵬の技能賞がみんなに新たな意欲を与えてくれました。実は、浅野先生の土俵を観る目は鋭くて、確かにケガは完治しているとは言い切れません。しかし、どの力士も多かれ少なかれ〝アキレス腱〟を抱えて頑張っています。出るからにはケガのせいにすべきではありません。もうひと踏ん張りします。白鵬翔」（7月23日）

「萬葉版画」（宇治敏彦　作）

第9章　白鵬翔　〝モンゴルへの思い〟

その①＝モンゴル農牧改革の原点＝

古来「遊牧の民」・モンゴル民族には、馬に跨《また》がって牧畜に携わる人は支配階級、田畑を耕す仕事は征服された農奴が従事する卑しい作業という伝統的な思考回路があります。これは、遊牧一辺倒の農牧畜業を近代化する政策転換におおきな障害となります。

浅野　農耕蔑視の考えを変えないと、モンゴル近代化構想は進めようがありません。横綱、そう思いませんか？

白鵬　浅野先生、それは重要なポイントです。モンゴル政府は、すでに、農耕は国民の食を確保する大切な職業とみなす意識改革を植え付ける教育方針を採用しています。かなり変わってきていますが、世代を通じて徹底する必要があります。そんな意味もあって、北海道の滝川で水田を借りて、稲作をしています。そこで収穫したお米「白鵬」を全量モンゴルへ送って、試食してもらっています。こんな美味しいお米はどうすれば穫《と》れるのか、まず、モンゴルの人々に関心を持ってもらいたい。そして、自分たちも田圃を耕してみようという意欲をもってほしいと思っています。

白鵬米

浅野　横綱が、そんな素晴らしい試みをしているとは知りませんでした。お相撲の懸賞金が生きますね。将来、モンゴルが本気で米づくりに取り組むつもりなら、日本政府が技術協力のできる大切な分野だと思います。

白鵬　本格的な取り組みをするには、まず稲作試験場の設置が必要です。ＪＩＣＡ（独立行政法人・国際協力機構）にお願いしたいですね。

浅野　ただ、水田は途方もない大量の水が栽培期間を通じて必要です。水田は、砂漠地帯が多く、水量の乏しいモンゴルには適していません。それよりも、まず、モンゴル最大の資源である家畜の疾病対策を徹底して、伝染性の高い口蹄疫やブルセラ症を駆逐して、国際基準を満たす食肉を輸出できる生産体制を整える施策の方が現実的です。

白鵬　それが実現できたら、モンゴルの人々の所得は跳ね上がります。羊だけで3000～4000万頭います。食べきれなくて処分している羊の肉が大量に輸出できたら、国民生活は潤います。

日本の約4倍の国土、156万平方キロメートルに、320万人しか住んでいないのに、7000万頭を超える家畜が飼育されています。羊、ヤギ、馬、牛からラクダまで人口の20倍以上の家畜が放牧されています。いずれも遊牧で移動しますから、すべての家畜の衛生管理を確立するのは至難の業です。

浅野　キーワードは、獣医の育成です。獣医が駐在する家畜保健所が全国いたるところにあって、感染症の診断・予防・治療を徹底するしかありません。口蹄疫が一例もなくならない限り、日本がラムやマトンを輸入することはありません。実は、もうJICAの支援で、獣医の本格的な養成をモンゴル国立農業大学獣医学部で始めています。

白鵬　それは、ほんとですか。素晴らしい！

浅野　4年余り前、モンゴル農業大学学長の相談を受けたサカナ博士の魚井一生翁から協力要請がありました。ノウハウが優れているのは北海道大学だから、北大から専門の先生をモンゴルに派遣してほしいという提案でした。幸い、私の親しいＪＩＣＡの渡邉正人理事（バングラデシュ大使、ブルガリア大使）が、モンゴル農牧・畜産事業支援の重要性について深い理解を示してくれました。

その結果、モンゴルに対する技術協力「獣医・畜産分野人材育成能力強化プロジェクト」が認められました。

このプロジェクトは、２０１４年4月30日〜２０１９年4月29日までの5年計画で、予算は約3億円です。この決定に基づいて長期駐在専門員として北大の先生が農業大学獣医学部で学生を指導しています。すでに獣医の一期生が卒業したと聞いています。

白鵬　それは知りませんでした。たいへん有り難いことです。それから長期的なヴィジョンを見据えた口蹄疫の駆除で重要なのは、ワクチンではないですか。外国産の高価なワクチンに頼るのでは限界があります。モンゴルが自らの手でワクチンを製造する能力を持つことです。

浅野　その通りです。あの折、モンゴル政府の要請には、口蹄疫ワクチンの製造・開発に対する支援要請がありましたが、ワクチン製造施設の建設、整備に何十億円も必要とわかり、結局、見送られました。

白鵬　今夜は、美味しい松坂牛をたらふくいただいた上、たいへん勉強になりました。

浅野　わたしの方こそ、素晴らしい語らいが出来てありがとうございました。

（2016年4月2日、伊勢神宮・手数入《でずい》り奉納＝土俵入り前夜。鳥羽「むらまつ」にて）

「鳥羽での夢物語をズーと温めていました。夢を実現するため、モンゴルの農牧改革を検討するチームを、私が主宰する一般社団法人『安保政策研究会』の中に設置しました。横綱は顧問になっていただきます。手始めに、農牧技術に詳しい専門家からレクチャーを受けています。みんな本気でモンゴルの未来を考えてくれています」（2017年8月5日）

「検討チームの発足は、素晴らしいニュースです。私も頑張ります。モンゴルのことよろしくお願いいたします。」（同日）

その②＝「モンゴル羊の定住飼い構想」

「広大な国土に天文学的数字の家畜のいるモンゴルでは、獣医の存在は〝無〟に等しいことがわかりました。どこか一カ所で少数の羊の口蹄疫を駆除したとしても、草を求めて別の土地へ移動します。そこで、また伝染病に罹《かか》りますから、いわば〝イタチの追っかけっこ〟になります。遊牧と伝染病を切り離すことは不可能です。

ですから『遊牧から定住飼い』にモンゴル２０００年の歴史を転換させる改革が必要です。そのためには、まず北海道のように羊をエンクロージャーして飼育する『羊の定住型飼育モデル農場』を建設することです。『モンゴル農牧改革検討チーム』で試案を急いでまとめます。浅野勝人」（２０１８年5月20日）

事業計画
『モンゴル羊の定住飼い試案』

一般社団法人・安保政策研究会小委員会
モンゴル農牧改革検討チーム

1）全体方針

モンゴル民族は遊牧の民として、草原の覇者であり続けました。

その伝統は現在も継承されており、家畜はモンゴル最大の資産であり、資源です。日本の４倍の国土に羊、ヤギ、馬、牛、駱駝などの家畜が7000～8000万頭棲息しています。人口わずか300万人余りで、膨大な数の家畜を管理できているのは“遊牧”だからです。

ところが、遊牧は草と水を求めて広い草原を年中移動しますから、家畜の衛生管理を徹底することは不可能です。従って、伝染性の高い口蹄疫やブルセラ症に感染しやすいため、モンゴルの家畜の肉は海外へ輸出するための国際基準を満たしていません。遊牧を続ける限り、疾病対策は困難ですから、精肉の輸出は将来とも認められません。

検討チームは、モンゴルの羊肉が国際基準に合格して輸出が可能になれば、モンゴル政府の財政および人々の民生向上に寄与できる、そのためには「遊牧」から「定住」へ飼育方法を転換する以外に手立てはないという結論に達しました。

モンゴルの羊肉の輸出が可能となり、国際的な畜産品市場において競争力を得るためには、飼料栽培～羊の飼育～畜産物加工～安全検査を厳密な品質管理のもとに一貫して行う「定住型モデル牧場」を造って、テスト飼育をする必要があります。モデル牧場（農場）では、モンゴル政府、関係団体、飼育牧民の理解と協力を得て、実現可能な集約的な家畜生産技術の確立を目的とした実証試験を行います。

事業目標　定住型飼育モデル牧場を建設する。そこで羊を飼育・管理することによって、輸出国際基準に適合した羊肉の生産および畜産物の商品を開発する。

事業内容１、「飼料生産」～「羊の飼育」～「羊肉の加工・製造」～「検査」を一貫して行う『定住型モデル牧場』を建設する。

２、定住型牧場では、一定の区画をエンクローズすることで、外部の羊との接触を断ち、飼育管理、技術開発のための実証試験を行う。特に冬季の飼育対策における効果的管理方法の技術開発を重視する。

3、技術開発のテーマは、畜舎飼育を可能とする飼料給与技術と輸出可能牧畜の実現ならびに付加価値の高い畜産物の開発とする。

4、具体的には、牧草・飼料作物栽培のための品種選定試験ならびに灌漑等栽培技術、主に冬季の飼料不足を解決するための飼料貯蔵技術、原産地を証明するための個体情報管理技術、伝染病等に感染していないことを証明するための適切な家畜飼養衛生管理技術等とする。

5、輸出可能牧畜の推進には、輸出先の市場ニーズの把握、ニーズに基づいた商品の開発への意識改革が必要であり、これらを実践できる人材を育成する。

2）飼料生産〜羊の飼育・管理〜畜産物加工・製造〜検査を一貫して行うモデル牧場について

定住型牧場は、一年を通じて敷地内で羊を飼育し、伝染病に感染しない羊を育成します。その結果、羊肉の輸出が可能となりますが、自然草地への放牧というモンゴルの強みを生かせないため、遊牧と比べてコストが高くなります。従って、定住型牧場において生産性を高めるためには、牧草・飼料作物の栽培技術がポイントとなります。豊富な牧草やデントコーンなどの飼料作物の栽培を成功させることによって、夏季の敷地内放牧と冬季の畜舎飼育をかみ合わせた牧場が実現します。

特に日本の輸入基準を満たすためには、ＩＣＴなどによる個体識別情報管理技術を導入して、より安全な畜産品であることの保証に努力する必要があります。

＜定住型牧場＞

３）収益性から見た課題（表１、表２）

ビジネスとしての収益性は、羊100頭/年の販売で、売上げは90万円程度が見込めます（20万MNT/頭×100頭＝2000万MNT）。これは、モンゴルの平均年収を60万円としたときの、約一人分の人件費に相当します。

このことから、初期投資の回収と施設維持費を生産物の販売のみでまかなうためには、大規模化と酪農の導入が必要となります。

表１：畜産物の価格（現地聞き取り）

品目	単位	金額：MNT（日本円※１）
羊（生体）	頭	150,000～200,000（6,700～9,000）
羊毛	kg	1,500～4,000（68～180）
皮（原皮）	枚	1,500（68）
肉	kg	6,500（292）
乾草	束	5,000（225）

※１：１円＝22MNT

表２：初期投資（例、初年度）

費目	金額（万円）
土地整備	1,000
草地造成	1,000
畜舎	500
加工場	1,000
事務所	500
検査ラボ（実験機器含む）	2,000
日本人専門家派遣（２名）	3,000
モンゴル人技術者	500
通訳等	500
合計	10,000

4）モンゴルにおける家畜飼料

モンゴルにおいて放牧以外の家畜飼料を利用するには、以下の3点の課題が挙げられます。

(1)生産性が低くコストが高い。
(2)牧民や集約的牧場において、飼養管理技術のノウハウが欠如している。
(3)栽培のための、耕作可能な土地、設備、資金が不足している。

これらのことから、モンゴルにおける家畜への飼料給与は、現地に適した飼養管理技術の確立と、牧民ならびに集約的牧場に適応したノウハウを普及することが肝要と考えます。このため、モンゴルに適した牧草品種の研究と選定、牧草栽培に不可欠な水量を確保する灌漑設備の設置、収穫した冬季用飼料の簡便な保管手段などにかなりの規模の投資が必要となります。

表3は、モンゴルにおいて家畜飼料を生産する企業とその生産量を示しています。生産量が最も多い「アルタン・タリア社」は、セレンゲ県において飼料作物栽培からミルクの生産までを行っていますので、栽培された飼料は、主に酪農に用いられていると考えられます。飼料の種類としては、ペレットや配合飼料として多く利用されていることが分かります。

表3：モンゴルにおける家畜飼料を生産する企業とその年間生産量

企業名	所在地	飼料の種類	対象家畜	生産量(1,000トン)
ALTAN TARIA	UB	ふすま、ペレット、配合飼料	反芻家畜、豚、鶏	43.8
TUMEN SHUVUUT	UB	ペレット、配合飼料	鶏、馬	36.5
BAYALAG EMEELT	UB	ペレット、配合飼料	鶏、馬	14.6
NUUDEL TEJEEL (MILL HOUSE)	UB	ふすま、ペレット、配合飼料	反芻家畜、馬	9.6
ORGIO	UB	ペレット、配合飼料	鶏	5.0
MIND TECH - ULAANBAATAR	UB	たんぱく質濃縮物	反芻家畜、豚、鶏	7.3
KHISHIGTEN NUUDELCHIN	Tuv	ペレット、配合飼料	反芻家畜、馬	5.5
ALTAN SHISH	Tuv	ペレット、配合飼料	反芻家畜、豚	14.6
MIND TECH - SELENGE	Selenge	たんぱく質濃縮物	反芻家畜、豚、鶏	23.7
URANTSATSAL	Selenge	ペレット	反芻家畜、馬	7.3
ALTAI GROUP	Dornod	ペレット	反芻家畜、馬	4.5
合計				172.4

表4は、2014年から2016年における、家畜用飼料の種類別の栽培面積、生産量、単位収量を示しています。生産量が最も多いのは、えん麦などの青刈作物で、次いで、アルファルファなどの牧草栽培となっています。飼料作物の生産量は、年によって大きく変動していますが、これは、トウモロコシなどは生育に多くの水分を必要とするため、干ばつなど気候

の変化の影響を受けたためと考えられます。

表４：家畜用飼料の種類別栽培面積、生産量、単位収量

	2014			2015			2016		
	面積 (ha)	生産量 (t)	単収 (t/ha)	面積 (ha)	生産量 (t)	単収 (t/ha)	面積 (ha)	生産量 (t)	単収 (t/ha)
青刈作物※2	9,023	24,547	2.72	11,244	38,468	3.42	19,311	34,393	1.78
牧草(栽培)※3	3,789	7,963	2.10	4,377	8,850	2.02	3,986	11,263	2.83
飼料作物※4	2,965	9,236	3.12	4,648	1,344	0.29	256	2,222	8.68
その他※5	1,200	2,533	2.11	3,572	519	0.15	6,341	5,546	0.87
合計	16,976	44,278	2.61	23,841	49,181	2.06	29,893	53,424	1.79

※２：えん麦、大麦、ライ麦、スーダングラス
※３：アルファルファ、ブロームグラス、クローバ
※４：トウモロコシ、ヒマワリ
※５：エンドウ、ダイズ、ナタネ、シロカラシ

表５に、家畜飼料の生産量から、単位面積当たりの家畜飼育可能頭数を算出しました。

羊が１日に採食する草の量は、夏は1.8kg、冬は1.4kgとされています。平均して１日に1.6kgの草を採食するとして、１頭の羊が１年間に必要な草の量は、1.5kg×365日＝584kgとなります。

たとえば、100ヘクタールの土地を放牧で利用した場合は200頭の羊の飼育が可能です。青刈作物、牧草、飼料作物を栽培した場合は、それぞれ、410頭、340頭、1,370頭となります。その他（ダイズなどの農業副産物）の場合は、170頭の飼育が可能となります。

表5：家畜飼料の種類と単位面積当たりの家畜飼育可能頭数

項目	単位※6	家畜飼料の種類				
		青刈作物	牧草(栽培)	飼料作物	その他	放牧
収量	(t/ha)	2.4	2.0	8.0	1.04	1.2
日採食量	(kg)	1.5	1.5	1.5	1.5	1.5
年間採食量	(kg)	584	584	584	584	584
飼養可能頭数	(頭/ha)	4.1	3.4	13.7	1.7	2.0
	(頭/100ha)	410	340	1,370	170	200

※6：重量は乾物

5）モデル牧場（農場）のコンセプト

モンゴルの牧畜は、広大な自然草地への放牧を基礎とする遊牧形態によって、家畜が本来持っている能力を発揮するという面では、アニマルウェルフェアに配慮した付加価値の高い畜産物生産を可能にしています。他方、自然に任せた家畜飼養形態は、外部からの病原体との接触を防ぐことができず、適切な飼養衛生管理を行うことは不可能です。モンゴル政府は輸出志向型の畜産業振興に力を入れていますが、モンゴルはもともと口蹄疫汚染国です。従って、放牧を基盤とした飼養管理体系では、十分な家畜飼養衛生管理の実施は無理です。これがモンゴルの畜産物を輸出する上で大きな障壁となっています。

モデル牧場は、飼料、家畜（羊）、畜産物をエンクローズした家畜飼養体系の構築を目指します。モデル牧場は、家畜飼料の自給から畜産品の加工・販売まで行うものとし、「飼料生産」「家畜飼育」「畜産品加工」「検査」「管理」の5つの技術を核とします。技術開発の課題は、モンゴルに適した牧草、飼料作物の品種の導入、生産性を向上させる家畜品種の導入、放牧から畜舎飼育へ移行するための飼料給与技術の確立、輸出基準の認証を取得のできる徹底した衛生管理体制の確立などです。その上で、モデル牧場において確立する家畜飼養体系は、自然資源を基礎とするモンゴルの優位性を十分考慮したものを目指します。

表6：核となる技術と主な活動内容

技術	主な活動内容
飼料生産	牧草・飼料作物の品種選定試験 牧草栽培、飼料作物栽培技術ならびに貯蔵飼料調製技術の確立
家畜飼育	外部との接触をコントロールできる畜舎飼育技術の確立 個体識別情報管理を通した、データに基づく飼養管理技術の導入（定期的な健康診断の実施と、適切なワクチン投与）
食肉および畜産物加工	日本市場をターゲットとした食肉、畜産物の商品開発（例：ソーセージ、チーズ） 低温貯蔵による出荷時期の調整
検査	畜産物の輸出を可能とする検査体制の確立と認証の取得 伝染病等の診断技術を確立する
管理	集約的畜産技術を実践する人材の育成 牧場経営

6）モデル牧場のレイアウト（案）

牧草 （放牧・採草）	飼料作物 （栽培・貯蔵飼料調製）	畜舎	加工場
			保冷庫
		貯草庫	検査ラボ
			事務棟

7）事業（案）

モデル牧場の規模は、羊換算で1,000頭を想定する。

A）飼料生産

前述したとおり、100ヘクタールの土地をすべて放牧で利用した場合、飼育できる羊の頭数は200頭となります。100ヘクタールを飼料作物栽培とした場合は、1,370頭の羊が飼育可能となります。モデル牧場の収益性を考えると、1,000頭規模が望ましいと考えられます。1,000頭が１年間に必要な草の量は、584kg×1,000頭＝584,000kgとなります。これをすべて飼料作物でまかなうとすると、73ヘクタールの土地が必要となります（584,000kg÷8,000kg/ha＝73ha）。

飼料作物の収量は、降水量などの気象条件に大きく影響されますので、圃場の立地条件によっては、期待する収量を得るために、点滴灌漑などの設備が必要となります。また、飼料作物は、サイレージなどの貯蔵飼料に調製することで、冬季や翌春まで利用することが可能ですので、サイレージ調製に必要な農機具や設備が必要となります。

Ｂ）モンゴルの牧畜の歴史は古く、放牧をやめて完全畜舎飼育へ移行することは極めて困難です。完全畜舎飼育は、コスト面のみならず自然資源に根ざしたモンゴルの牧畜の優位性を生かせません。モデル牧場における飼料給与は、牧場内に栽培生育した牧草の草地への放牧（夏季、４月～11月）と冬季（12～３月）用に収穫した貯蔵飼料による畜舎飼育を巧みに組み合わせて年間の飼育管理を行うノウハウの確立を目指します。

輸出志向型のモデル牧場における家畜飼育において最も重要なことは家畜の衛生管理であります。ＱＲコードなどのＩＣＴ技術を活用して個体識別情報管理を行い、リアルタイムの健康管理をすることで、罹病した個体から健康な個体への感染被害を防止することが必要となります。家畜の健康状態のモニタリングは、健康な畜群であることを証明するとともに、効率的な飼料給与技術を確立するために必要といえます。

Ｃ）畜産物加工

モデル牧場で得られる畜産物は、成体、肉、毛、皮、乳製品（山羊）であります。モデル牧場では、日本の市場ニーズに基づいた畜産物の商品開発を行います。輸出商品として有望なものは、食肉のほかソーセージとチーズが考えられます。畜産物の商品化は、食品会社、大学等からの委託研究も視野に入れて行います。

D）検査

羊の食肉を海外市場へ輸出するためには、各国の輸入基準に適合している証明が最低の条件となります。特に日本市場へ食肉を輸出するためには、厳格な条件を満たす日本政府の認証が必要なことは当然です。モンゴルには条件を満たす検査機関がありません。従って、モデル牧場では、牧場内での検査体制を確立し、日本政府によるモンゴルの畜産物輸入基準を満たす認証手続き・各種証明書の取得を目指します。検査ラボでは、伝染病等の検査・診断・ワクチン投与を行います。さらに牧場周辺の家畜も対象とすることで、伝染病に感染していない畜群地域をふやすことが可能になります。

E）管理

モンゴルにおいて放牧から畜舎飼育への転換は、単に技術的課題を解決するに留まりません。しかし、現状の家畜飼養体系のままでは、市場が広がることはなく、牧畜が発展しモンゴルの経済に貢献するためには、大きな意識改革が必要です。そのためには、集約的な家畜飼養技術を実践できる人材の育成が重要となります。モデル牧場では、技術者を育成するとともに、近代的技術と伝統的技術を照らし合わせた、現在の社会システムにふさわしい新しい牧畜のあり方を提案していきます。

8）参考文献

・German-Mongolian Cooperation Project Sustainable Agriculture (2017): Market Study on Livestock Fodder Production and Demand in Mongolia
・Mongolian Statistical Information Service, URL: www.1212.mn
上原有恒、Erdenechimeg AYUSH、Onontuul GANBAATAR, 進藤和政、山崎正史（2015）：モンゴル国森林ステップ地域の放牧ヒツジにおけるリグニン法により推定した秋から翌春の採食量。「日本畜産学会報」

9）検討チームメンバー表

一般社団法人・安保政策研究会小委員会

モンゴル農牧改革検討チーム

顧　問	白鵬翔	横綱
委員長	浅野勝人	安保政策研究会理事長　元内閣官房副長官
副委員長	和田友良	米国公益法人・和田国際交流財団理事長
委　員	上原有恒	農学博士　NPO海外地域振興研理事長

委　員	小林弘之	外務省大臣官房人事調査官（現モンゴル駐在大使）
委　員	林　伸一郎	外務省中国・モンゴル第１課上席専門官（現モンゴル駐在公使）
委　員	鈴木由紀夫	モンゴル研究会　会員
委　員	吉田　修	自由民主党事務局参与
委　員	西口康博	安保政策研究会　会友
委　員	椎名芳秀	安保政策研究会　会友
事務局長	森井　怜	外務省中国・モンゴル第１課主査

（註）現職の外務省職員が３人メンバーとなっています。現職の国家公務員が「一般社団法人」に参加することの可否について、人事院職員福祉局審査課の見解を質した結果、「無報酬」、「飲食を伴わない」一般社団法人（研究会）への参加は国家公務員の兼職には当たらない。外交機密に関わる特殊情報の開示を必要とするテーマではない。以上の点から本件が国家公務員法に触れることはない。との確認を得ています。

（※チームは事業計画レポートをまとめて、2018年11月に解散）

その③＝モンゴル大統領を表敬・面談

「グッド・ニュースです。今日、バッチジャルガル駐日モンゴル大使から連絡がありました。『モンゴル政府は、安保研小委員会・モンゴル農牧改革検討チームがまとめた【モンゴル羊の定住飼い試案】について検討した結果、モンゴルにとって貴重な計画なので、ぜひ実現していただきたいと希望する』という内容でした。浅野勝人」（2019年4月19日）

「お疲れさまです。モンゴルのこと、いろいろご心配いただきありがとうございます。自分はケガがこのままだと、多分5月場所休むことになりそうです。5月半ば、またウチのマンションで久しぶりにミーティングしませんか？　白鵬翔」（4月20日）

「バッチ大使と2回目の面談をしました。モデル農場の規模について5000ヘクタールを無期限、無償で貸与する。日本側は資金、ノウハウ、技術を提供するという案に双方合意しました。山手線の内側の総面積が1万ヘクタールですから、5000ヘクタールは山手線の内側半分という勘定になります。ホントかなという気がしないでもありませんが、本国の農牧省、外務省と協議した結果という説明で、農牧大臣のサイン入り文書（数字の明示はありませんが……）が大使の手元に届いています。

とにかく『広さ』の感覚がちがいます。私たちは2000ヘクタールあれば十分過ぎる広さなので、水や道路事情など立地条件について要望しました。バッチ大使の提案が素晴らしいのは、モンゴル側は5000ヘクタール牧場用地を無償で無期限貸与するので、あとは日本側の裁量に一切任せる。モンゴル牧畜史の転換点となるモデル牧場にしたいという認識です。ついては顔合わせを兼ねて具体的な協議をするためウランバートル訪問の要請がありました。浅野勝人」（5月9日）

「大使との3回目の面談の結果、8月3～7日の日程でモンゴルを訪問することになりました。大使も一時帰国してサポートしてくれます。4日、昼、バトトルガ大統領を表敬訪問、面談することになりました。大統領自ら公職引退9年目の〝民間人の浅野〟に面談してくれるとは思いもかけませんでした。バッチ大使の根回しのおかげと思います。浅野勝人」（7月29日）

「モンゴル行き、ご苦労をおかけします。よい成果を期待しています。白鵬翔」（同日）

「安保研の農牧改革レポートを読んだ時から、モンゴルの歴史をかえる〝すごいチャレンジ〟だと思っていました。新聞報道でモンゴルを訪問して大統領と面談したことを知りました。浅野先生の行動力が大統領を動かしたのですね。この案件が上手く進むことを期待しています。帰国報告を楽しみに待っています。坂井幸治」（8月5日、ICTベンチャー企業で成功している若い起業家＝トーテックアメニティ株式会社社長）

＜モンゴル訪問日程＞

浅野勝人安保研理事長
上原有恒農学博士

１、期間：2019年８月３日（土）～７日（水）

２、目的：安保研モンゴル農牧改革検討チーム・事業計画「モンゴル羊の定住飼い試案」について、モンゴル政府関係者と面談。

３、モデル牧場建設候補地について協議、確認。5000ヘクタール無償貸与の政府保証の明文化。

【行程／面談相手】

８月３日（土）
20：30～01：58　成田→ウランバートル

８月４日（日）
12：40～13：10　バトトルガ大統領

8月5日（月）

10：50〜12：10　ツォグトバータル外務大臣
12：30〜14：30　高岡大使、林公使（日本大使館）
15：00〜16：15　オラーン農牧大臣
17：00〜18：00　バットジャルガル氏（白鵬翔、義兄）

8月6日（火）

13：55〜15：50　バトムンフ畜産政策局長・セレンゲ県代表
19：00〜21：00　ウランバートル在住邦人らと夕食
21：30〜22：30　バットジャルガル氏

8月7日（水）

07：45〜13：40　ウランバートル→成田

「萬葉版画」（宇治敏彦　作）

モンゴル大統領と面談

羊の定住飼いなど 浅野氏が意見交換

モンゴル政府の招請を受けて首都ウランバートルを訪れている元内閣官房副長官・浅野勝人氏は現地時間の4日午後、大統領府にハルトマーギーン・バトトルガ大統領を訪ねて面談した。約1時間に及んだ面談には高岡正人・駐モンゴル日本大使やバッチジャルガル駐日モンゴル大使らが同席した。

浅野勝人氏

浅野氏は政界引退後、シンクタンク・安保政策研究会を主宰し、「安保研リポート」を発行している。面談では同研究会のチームが提案する「モンゴル羊の定住飼い試案」について意見交換した。同大統領はモンゴルの民生向上に寄与する試案に強い関心を示したという。

大統領が日曜日を返上して、公職を引退した民間人と長時間面談したことについて浅野氏は「大統領は私個人を重視したのではなく、私たちの試案がモンゴルの将来に重要だと判断したからだと思う」と述べた。

モンゴル大統領との面談を報じる一般紙の記事
(2019年8月5日)

8月4日、12時40分、バトトルガ大統領を大統領府大統領執務室に表敬訪問、13時10分まで面談。

大統領は「自分は農牧大臣を経験しているので、モンゴルの牧畜の課題をよく理解している。家畜の衛生管理は何よりも重要なので安保研の構想を評価する」と問題意識を共有していることを示しました。そして、「モデル農場構想が、いつもモンゴルのため、モンゴルの人々のためを思っている白鵬翔の発想がきっかけ」という指摘についても大統領は共鳴しました。

モンゴル政府が、一定規模のモデル牧場用地を無償、無期限で貸与する決定をすれば、日本側が全て建設、運用して民生向上に寄与する具体的準備を開始する事業計画について、「実施する企業名、あるいは民間団体」を明示したプロジェクト案の説明を求められました。これに対して、政府による用地の規模および無償貸与の確認に来たことを改めて伝え、それが明確になれば直ちにプロジェクトの編成に着手する旨の回答を繰り返しました。その結果、「卵が先か、鶏が先か」に似た認識の相違が明らかになりました。大統領の見解は、この会談におけるやりとりの限りにおいてはもっともな指摘ですが、これまでに合意した内容の経緯を踏まえると妥当性を欠いた主張です。あとは、農牧省との具体的な折衝にゆだねるしかありません。

この男が外相になったら、モンゴルは一段と飛躍する！

外相と会談。外[illegible]、大臣[illegible]応接広間。

どこの国にも秀でた若い人材がい[illegible]す。会談の冒頭、

「河野太郎外相からの伝言があります。先頃のモ[illegible]ル公式訪問の折には、河野夫妻が、ツォグトバータル外相ご夫妻から、終日、心のこもった[illegible]をいただきました。おかげで充実した外相会談が出来て満足しています。よろしく伝えて欲[illegible]い」と言われてまいりました。

「あの後、バンコクのアジア外相会議でお目にかかりました」

「バイ（２国間）の会談だったようですね」

「講道館から黒帯をいただくことになりましたので、近いうちに東京へ参ります。またお目にかかりたいとよろしくお伝えください」

若い外務大臣は、市場経済に転換してから40年間にＧＤＰは４００倍に増加した。家畜頭数も２４００万頭から８０００万頭と爆発的に増えた。ところが、牧畜形態が、市場経済に合わない遊牧のままなので、モンゴル最大の資源が活用できていない。「国際基準を満たし、市場経済に合致した牧畜のあり方・制度作りが求められている。安保研検討チームのモデル農場による〝羊の定住飼い〟はモンゴルの伝統的な牧畜形態を変える革新的な構想だ」と述べ、

「この構想は、かねてモンゴルが求めていたもので、外務省は一貫して支持します。所管機関（農牧省）はじめ、各省への働きかけは私が率先してやります。モデル牧場が完成したら、政治家を辞めて、私が牧場やります（冗談）」

「真意を理解していただいて、来た甲斐がありました。私の方も誰が、どの組織体で実施するか、具体的なプロジェクトとしてまだこなれていません。今回、仮に進展がなくても、あなたのような若い有能な指導者は、いずれ牧畜政策の革新的転換を推進することになるでしょう。その折に『安保研構想』が役立ちます。81才の私は成功を願って空の上から眺めています」

「浅野先生が、モンゴルのために、このようなお話を持ってこられたことに感動しています」

1時間30分に及んだ会談は、終了後、著者が28年前、出会ったゾリグ（＝サンジャースレンギーン・ゾリグ：モンゴル民主化運動に大きな役目を果たした学者・政治家）との体験実話（36歳で暗殺＝『融氷の旅』浅野勝人著、青灯社に詳しい）に、ツォグトバータル外相が耳を傾け、立ち話がしばらく続きました。

著者の独断と偏見によれば、モンゴル次期首相はこのオトコ！　この男が首相になったら、モンゴルは一段と飛躍する。

次いで、食糧・農牧業・軽工業省、畜産政策計画実施局長室で、バトムンフ局長、ビャンバドルジ専門員（次長）、セレンゲ県ムンフトゥル食糧農牧局長、ニャムドルジ・バロンブレン

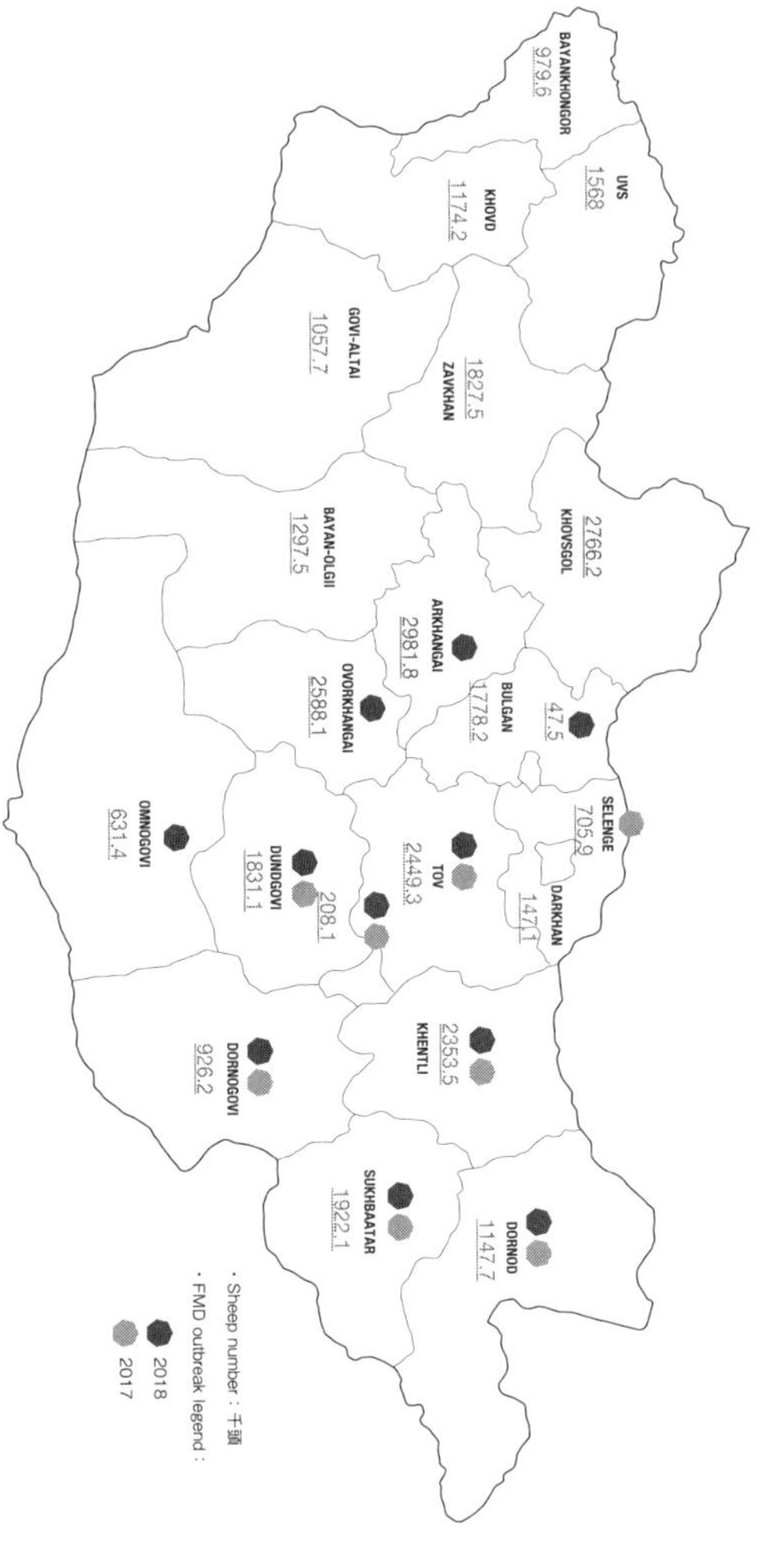

モンゴルにおける羊の頭数（2018）および口蹄疫の発生した州（2018、2017）

ソム人民会議代表（地域の遊牧民代表）と面談。2時間に及んだ会談は成果が得られませんでした。

現地代表から「飼料栽培地100ヘクタール、有償（年間レンタル）」「ほかに放牧地を無償貸与する用意はあるが、飼料作物の栽培は禁止」

農牧局長からは「政府は牧場用地の貸与契約（文書）はしない。牧民代表と交渉して契約していただきたい。政府は現地代表を紹介するにとどめる」との基本方針が示されました。

事前の「5000ヘクタール、無償」とは天地の差。その上、会談中、条件をめぐって譲歩を求めた局長と現地代表とのやりとりの様子から、説得は困難と映りました。到底、手に負える交渉ではありません。しかも、政府から用地の無償貸与契約書が発給されないのなら、モンゴル訪問の基本目的が崩れたことになります。

計画中止を決断して、明日、帰国。

まぼろしのモンゴル農牧改革構想！

帰国したら、慎重に時間をかけて誰も傷つけないで着地させることが大切だと思っています。幸い「ビタ一文」どなたにも負担はかけていませんが、特に構想を評価して、実現を期待してくれた方々の思いを蔑《ないがし》ろにしないことが肝要です。そのためには、「農牧改革構想」がモンゴル政府首脳に高く評価され、彼らがいずれ直面する重要な政策課題と受け取られたことを報告したいと思います。浅野勝人とバッチジャルガル大使が白鵬翔と一緒に〝夢〟見た「モンゴルの歴史を変えるドラマ」の幕引きを大事にして、未来につながる着地をさせます。

「10年ぶりに訪れた横綱のふるさと・ウランバートルは、別の都市に来たのかと錯覚するほどの変わりようでした。ブランド品が並ぶ商店、野菜や果物が豊富な高級レストランのメニュー、高層ビルが建ち並び、クルマが渋滞する都会になっていました。

28年前、日本の首相（海部総理）初のモンゴル公式訪問に備える事前調査に派遣された折には、黒パンと羊の肉しか食べるものがなかった代わりに、世界一美しい星空を見ることが出来ました。郊外のパオに泊まって、ことばに尽くせない深い清純な気分を体験しました。

あの折、帰りのフライトがなくて、列車でウランバートルから2昼夜かけて北京へ戻ったモンゴルを、むしろ愛おしく想い出します。

案件については、事前の条件と現地の思惑にかなりの〝ずれ〟があるので、同行した上原有恒博士や関係者とモンゴル側の提案を分析、検討して丁寧に計画中止の回答をするつもりです。浅野勝人」（8月8日）

「ご苦労さまでした。ゆっくり話を聞かせてください。白鵬翔」（同日）

「大統領との初顔合わせの結果はいかがでしたか。坂井幸治」（8月8日）

「坂井社長には、当初から勇気づけていただきありがとうございました。安保研を支えていただいている皆さんのおかげで、農牧畜プロの農学博士を同道してウランバートルへ行ってまいりました。

その結果、現場代表者の意向には、かつての素朴な遊牧民とは異なり、経済的発展に伴う時代の移り変わりの影響が反映されていました。安保研構想を実現したいと受け止めたモンゴル政府の理念・理想と現場・用地を管理する遊牧民の利害得失を優先する金銭感覚との間に大きな溝を感じたのは歴史の悪戯《いたずら》と思いました。厳しい現実を直視させられて、実現は極めて困難と判断せざるを得ません。後日、詳細な報告をさせていただきます。浅野勝人」（8月9日）

「大統領との会見と聞いて、まとまる方向と期待していましたが、そんなに簡単ではなかったようですね。浅野先生がゴーと言えば、思い切って異業種に挑戦してみようかと内心思っていましたので、中止は半分がっかり、半分ホッとした妙な心境です。坂井幸治」（同日）

「その後、体調はいかがですか。ケガの後遺症が残らないよう万全を期してください。例の件は、けじめをきちんとつけた上で報告いたします。浅野勝人」（８月16日）

「了解です。巡業もこなし、頑張っています。白鵬翔」（８月17日）

「萬葉版画」（宇治敏彦　作）

オラーン農牧大臣閣下
バッチジャルガル特命全権大使閣下

2019年９月４日

一般社団法人・安保政策研究会　理事長　　浅野勝人

報　告　書

この度のモンゴル訪問（８月３日～７日）に当たり、バッチ大使の献身的な尽力によって、

・バトトルガ大統領　表敬訪問　面談　30分間
・ツォグトバータル外相　１時間30分間
・オラーン農牧相　１時間15分間

それぞれ会談の機会が与えられ、誠に光栄に存じました。

この席において、日本・モンゴル間の友好協調の強化およびモンゴル農牧改革（安保政策研究会小委員会・モンゴル農牧改革検討チーム『モンゴル羊の定住飼い試案』）について建設的な意見交換が行われました。

主題は、モンゴル最大の資源である羊の口蹄疫等伝染病を

防止・隔離して、健康な羊を飼育して付加価値を高め、民生向上を目指すプロジェクト実施するための「条件」づくりでした。

具体的には、バトムンフ食糧・農牧業・軽工業省畜産政策実施計画局長、ビャンバドルジ専門員立ち合いの下で、セレンゲ県食糧・農牧局長、バロンブレン・ソム人民会議代表と２時間にわたって協議した結果、

① 飼料作物栽培可能な用地100haを有料（年間レンタル）で貸し付ける。
② 他に100～1000haの放牧地（飼料作物の栽培禁止地区）を無料で貸し付ける。
③ 政府はモデル牧場用地の貸与契約はしない（文書は出さない）。

用地に関する具体的な契約および契約内容は現地牧民代表との間で決めることとする。政府は、用地が所在する県幹部と牧民地区代表を紹介するにとどめる。

この提案を、牧草・飼料作物ならびに羊をエンクロージャー（囲い込み）して、伝染病を隔離して飼育する。病気を治したうえで柵内に入れて飼育する「羊の定住飼い構想」に当てはめると、越冬飼料栽培＝50ha、放牧地＝50haとなり、飼育可能頭数は100～150頭。無料で貸してくれる放牧地は飼

料の栽培禁止地区のため、従来の遊牧地区とまったく同じ扱いとなります。従って農牧改革検討チーム提案の「定住飼い構想」とは相容れません。

しかも、その後の情報収集によると、セレンゲ県の土地の多くは栽培地であり、家畜の搬入が制限されている地域が多く、また、放牧地の多くは起伏が厳しくて大規模な畜舎の建設は困難である。その上放牧地と栽培地との距離が遠く離れているため、冬期の飼料運搬は極めて難しい、との指摘があります。

以上の観点から、

・モンゴル側が5000haの放牧地（飼料作物栽培可能）を無期限、無料で提供する。

・日本側が資金、技術、ノウハウを提供する。

これによって、規模の大きな「定住飼い構想」を実現して、口蹄疫、ブルセラ症の感染を防ぎ、国際基準に合ったモンゴル羊を育成して付加価値を高める。この「遊牧」から「定住」へ モンゴル農牧改革を推進する「モデル牧場」を国家プロジェクトとして建設する。という約束「5000ha、無償」とモデル農場建設候補地関係者の「100ha、有償」との間に大きな見解、認識の格差があり、「定住飼い構想」との基本的な食い違いが判明いたしました。

一般論として、どこの国でも、政府の正しい理念・理想と当面の利害得失を優先する現地住民の思惑が異なることはよくある現象ではありますが、このたびの余りに大きな現実的な差異には、構想断念を判断せざるを得ません。

日本の農林水産省の見解によると、一旦口蹄疫（ＦＭＤ）等伝染病に感染した羊は、発症していなくても他の羊に感染させるリスクを伴う。ワクチン接種は、感染拡大の速度を遅らせることが期待されるものの、ワクチン接種による家畜体内への抗体が残存するため、日本においてはＦＭＤに感染したものと同じ扱いとなる。（検討チームにその認識が欠如していました）従って、ＦＭＤが発生している地域でのエンクロージャーは感染のリスクが常に存在し、ＦＭＤ感染防止、駆除の効果に期待が持てないので、推奨できない。

モンゴル政府は、ＯＩＥ（国際獣疫事務局）の安全指定を受ける準備をしていると聞きます。ＯＩＥの安全地域指定の基準は県レベルで防疫体制が完備していて、口蹄疫が発症していない地域に限られます（モンゴルは数年前に申請したが全滅）。

今回は、口蹄疫が発症していない西部地区（別表、地図）を県ごとに「安全地域指定」と認めるように申請するとのこと。これが認められると、飼育は安全な県内に限られ、県全域が柵で囲い込まれて、エンクロージャーされているのと同じ形になる。従って柵の中に柵を造る必要はなくなり、定住飼い構想は意味を失うと専門家から指摘されました。

以上、モンゴル側提案に伴う具体案について検討した結果、「安保研農牧改革・羊の定住飼い構想」とはマッチングしないと判断し、見送りとさせていただきます。

モンゴル訪問前の「5000ha・無償構想」の説明に内々強い興味を示した機関（企業、金融機関等）に対して、「100ha・有償」のモンゴル提案を、再度、説明しましたが、賛同は得られなかったことを付記いたします。

今回の案件は不調に終わりましたが、バッチジャルガル大使の〝国を思う〟真摯な人柄に一同、感動しました。今後ともバッチ大使の日本での活動を全面的に支援することを約束いたします。

誠にありがとうございました。

「本日、バッチ大使とお目にかかって、断念と判断した理由を明確に示した報告書をお渡しして理解を求めました。横綱には事前にお目通しいただいた文書です。誠心誠意の対応にバッチ大使も得心してくれました。懸念は一切ございません。ご安心ください。

もともと横綱の発想から生まれた〝羊の定住型モデル牧場構想〟の推進は今回は不調に終わりましたが、ひたすらモンゴルのためを想う横綱の心情は先方に十分伝わりました。将来、必ず生かされます。横綱は9月場所の土俵に集中してください。浅野勝人」（9月4日）

「時間をかけて基本構想をまとめ、モンゴル政府と着実に折衝してきた浅野先生の努力に改めて感謝いたします。そして、双方の見解の相違、事実の誤認について冷静な判断を示して頂きました。報告書は懇切丁寧、礼節に富んだ内容と受け止めました。これに懲りることなく、今後ともモンゴルのこと、よろしくお力添えください。9月場所、淡々とした気持ち、平常心で臨みます。白鵬翔」（同日）

「いつも歳をわきまえず、しゃにむに進むので、前のめりになるのを案じていました。報告書に目を通して冷静・沈着な判断に安堵しました。西口康博」（9月4日、西邦建設会長）

「報告書、拝読いたしました。モンゴルにとって、本当にもったいないことだと思います。先方の指導者たちは、浅野先生のモンゴルのためを思う真摯な気持ちと構想を的確に受け止めたから、大統領および政府首脳との会談が実現したのだと拝察いたします。ただ、残念なことに政府の意向がなかなか現場まで広がらないのがモンゴルの実情かと推察いたします。僭越ながら、浅野先生と横綱・白鵬のこれまでのご尽力に深い敬意を表させていただきます」（9月4日、検討チーム設置当初から一部始終報告済みの外務省高官）

「横綱・白鵬の気持ちを汲《く》んで、チンギス・ハーン以来のモンゴルの歴史を変える試みに果敢に挑んだ勇気と見識は日本人の誇りです。不調に終わったのは残念ですが、モンゴル国が発展していくための具体的な指針を示しました。モンゴルの人々はいずれ浅野構想を実現させるにちがいありません。椎名芳秀」（9月4日）

第10章　若手台頭

＝横綱の休場埋めた〝小兵〟

２０１９年9月4日の朝日新聞。

親方・白鵬へ　道筋整った

横綱・白鵬が日本国籍を取得した。角界の第一人者は、国籍を変えてまで親方になる夢を追った。

……白鵬は、15歳で来日し、角界で活躍するうちに、「将来は弟子たちと土俵の技術を探究し、大相撲を世界に広めたい」と夢見るようになった。実現には、現役で勝ち続けるだけでは足りない。34歳。引退が近づく中で、日本人になることを決断した。

白鵬はすでに、部屋を興した際に弟子となる力士を、所属する宮城野部屋に入れている。国内外の小、中学生が参加する大会を主催するほか、新弟子のスカウトにも乗り出している。自らの指導者としての未来も思い描いているようだ。

年寄名跡取得の国籍問題は、今回は白鵬が譲る形で決着したが、そもそも日本国籍を絶対的な条件とする理由を説明する責任が、協会には依然として残る。「伝統文化である大相撲を継承、指導していく親方は日本人であるべきだ」との考えを押し通してきたが、グローバル化が進む時代。丁寧な議論は不可欠だろう。

白鵬の一代年寄問題も再浮上する。優勝20度以上の功績を目安に現役時代のしこ名をその人に限って認める制度。白鵬は「モンゴル国籍のままで」と希望した時期がある。協会は難色を示していたが、その障害は消えた。大鵬、北の湖、貴乃花に次ぐ4人目（千代の富士は辞退）で初の外国出身者が誕生するか。次の注目点だ。（竹園隆浩）

「昨日、モンゴル大使館へお邪魔した折、バッチ大使が、午後、国籍が決まった挨拶に白鵬が来るとおっしゃっていました。ニアミスでした。同席の一等書記官が、『旭天鵬が日本に帰化したときには国のあちこちでブーイング、批判と反発でたいへんでした。今回はとても穏やかです。モンゴルのことを何よりも大切に思っている白鵬の人柄を、モンゴルの人々がよくわかってているからです』と話してくれました。

日本人になったからには、今まで以上にモンゴルを想い、モンゴルのために尽くすことが求められます。私たちもこれまで以上に横綱とモンゴルを応援します。浅野勝人」（9月5日）

「ありがとうございます。いい相撲を取るためにどうするか、そのことで頭がいっぱいでした。正直、自分のことしか考えていませんでしたが、将来、親方となって、強いお相撲さんを育てたいという年来の夢を実現させる道が開けました。恩返しができます。

〝スッキリしてよかったですね〟と言われますが、心の中は、ホントは複雑です。ご忠告通

り、これまで以上にモンゴルを大事にすることによって払しょくしてまいります。白鵬翔」（同日）

「いよいよ9月場所、明後日、初日ですね。いろんな思いが錯綜してことばが見つかりません。浅野勝人」（9月6日）

「日本人として、新たな気持ちで頑張ります。白鵬翔」（同日）

「そう言われると日本人の私たちはうれしいが、国籍にこだわることはありません。土俵にのぼったら忘れた方がいい。浅野勝人」（同日）

「相撲道を集大成する時期に入ります。近い将来『白鵬親方』となって、心身ともに具《そな》えた強い弟子を育成するためにも、明日からの場所は〝さすが〟といわれる土俵ぶりが期待されます。アスリートに国境は存在しません。ひたすら土俵に集中して、勝ち負けを超えた勝負師の姿を見せてください。浅野勝人」（9月7日）

「十分自覚しています。白鵬翔」（同日）

また途中休場——不安：再起できるのか

2019年9月8日、秋場所（東京・両国国技館）。

初日。

北勝富士　寄り切り　白鵬

北勝富士は一気に押して寄り切った。なんとしても横綱に勝ちたいという一途さが実った。白鵬は踏ん張れず6秒で土俵を割る。かねて、こんな負け方をした白鵬の土俵を視《み》た記憶はない。

「勝ち負けは勝負師につきまとう宿命。虚心坦懐、その日の一番に全能を傾けて挑むしかありません。結果にこだわりたくはありませんが、右四つに組んでいながらズルズルと押されてあっけなく土俵を割ったのは、どうにも合点がいきません。右手に力が入らない理由《わけ》があるのではないですか。相撲ファンを得心させる義務があります。浅野勝人」（9月8日、19時40分）

「明日から休みます。心情、お察しください。白鵬翔」（9月8日、19時50分）

「あの負け方は、右手のどこかが故障しているからではありませんか。連敗してから休むと『負け』を理由にされかねません。明日から休場の決断に私は賛成です。勝っても負けても、観《み》る者が〝さすが〟と得心する土俵に耐えられない状態なら休場すべきです。右上腕二頭筋断裂は簡単に治る負傷ではないと聞いています。得意の右四つに組んだのに、右手にまるで力が入っていない。稀勢の里が、同じ負傷で長い間どんなに苦しみ引退に追い込まれたか、あの姿を想い出せばよくわかります。稀勢の里と秘かに会ってふたりで語り合い、本音をぶちまけたらスッキリするでしょう。浅野勝人」（9月8日、20時03分）

翌9月9日昼前、宮城野親方、白鵬休場を発表。診断書は「右手小指骨折」。NHK正午ニュースが報道。

「いつでもウチへ来てください。話したいです。よろしくお願いします。白鵬翔」（9月10日）

4日目。カド番の大関・栃ノ心。阿炎をはたき込みで土俵の外にかわし、軍配は栃ノ心にあがる。勝ったと思いきや、物言いがついて「髷《まげ》を引っ張った」と認定されて反則負けとなりました。

8つの反則を定めた公認相撲規則禁じ手反則の2番目に「頭髪を故意につかむこと」がある。栃ノ心は、はたき込みをした折、阿炎の頭を押さえた左手が髷にからんで抜けなかったと視えます。どうみても「故意」ではない。土俵下、親方衆の審判委員に、こんな形式的な判定をされて、勝ちを負けにされた力士が可哀想だと思いました。ところが、２０１４年10月２日の理事会で、規定から「故意に」が削除されていました。おそらく、故意か、故意ではないかの判定が困難と判断したためと思われます。著者の知識不足。審判委員の判定が正しい。栃ノ心の反則負け。

５日目（９月12日）、関取最年長37歳の嘉風《よしかぜ》（大分県出身、尾車部屋）の引退が発表されました。１７７センチ、１４８キロの小柄な体躯から歯切れのいい技を繰り出して、真っ向勝負する人気力士でしたが、右ひざを痛めて２場所連続休場し、幕内から十両に落ちていました。今後は年寄「中村親方」として後進の指導にあたります。

嘉風は日体大３年の２００２年にアマチュア横綱となり、04年初場所でデビュー。２年後に幕内入りして関脇までのぼりました。思い切りのいい相撲で金星８個、三賞は10回（殊勲２回、敢闘４回、技能４回）獲得しています。「心を磨くために相撲を取っている」と語る嘉風は、師匠の尾車親方（元大関・琴風）に「土俵で散りたかった」と言ったそうです。

鶴竜も途中休場――「戦国時代」の到来か！

中日。隠岐の海（前頭８）全勝で単独首位。１敗は明生《めいせい》（同10）。２敗は御嶽海（関脇）、貴景勝（関脇）、遠藤（小結）、朝乃山（同2）、石浦（同15）の6人。混とんとして明日《あした》はわからない。

鶴竜、休場の理由について、「（左ひざ内側の靭帯《じんたい》損傷で）足に力が入らないので、前に出られない。ああいう相撲（3連敗）を取り続けるのはよくない。（横綱は）ただ出ればいいというものではない」

朝日新聞、竹園隆浩記者が、中日の「東西・トーザイ」（大相撲コラム）に〝貴景勝「戦国時代」の中心〟と書いています。抜粋しますと、

……鶴竜の休場で横綱が不在となった土俵で、隠岐の海が自身初の中日勝ち越し。単独首位を守った。1敗勢は明生が勝ち、御嶽海と石浦が敗れた。2敗は御嶽海に快勝した貴景勝、遠藤らを含め6人に。カド番の2大関は豪栄道が3敗目、栃ノ心は連敗を2で止めた。

今年2度目の横綱不在、大関陣も印象が薄い。「戦国時代」を迎えた土俵で、新時代を背負う貴景勝が存在感をみせた。

……相手（※御嶽海）を突き起こすと、そのまま下から両手突きで全身をぶつける。……快

勝だった。……リズムを狂わされた御嶽海は何も出来なかった。

……今の関脇以下の力士が覇権を担う時代は、そう遠くはないだろう。その中心に貴景勝がいる。

（朝日新聞2019年9月16日）

「鶴竜に代弁してもらっているみたいで申し訳ないです。横綱不在の場所を避けるため、鶴竜が無理したのなら、怪我を克服できなかった私にも責任があります。それなのに、関脇以下幕内力士が全員、見ごたえのある力相撲で土俵を盛り上げて、大相撲人気を高めてくれました。横綱、大関、上位陣と平幕力士との実力の差は縮まっています。わたしがかねてから期待していた姿です。成長著しい若手力士たちといま一度、技を競いたい。『ひとり横綱』で大相撲を支え続けたあの頃を糧《かて》にして、なお〝壁〟であり続けることをあきらめません。白鵬翔」（9月16日）
「土俵にのぼりたいでしょうが、あわてないでいただきたい。11月場所を休んででもケガの完治を待つ我慢が大事です。出る以上、もう怪我を理由に〝途中休場〟は許されません。浅野勝人」（同日）

14日目。前頭8枚目・隠岐の海が小結・遠藤に勝って、賜杯《しはい》レースに生き残りました。これで優勝争いは御嶽海、貴景勝の東西関脇と平幕・隠岐の海が11勝3敗で並び、明日、結着をつけます。とりわけ34歳の平幕力士が千秋楽まで優勝争いに食らいついて離れなかった勝負魂は称賛されます。

「優勝経験のある両関脇か――。ここまでくれば、もう番付は関係ない」（朝日新聞、松本龍三郎）

千秋楽。

貴景勝　押し出し　隠岐の海

〈取り口解説〉

3敗同士の対決。貴景勝が一方的に押し出して制した。この勝負、攻め一筋の貴景勝とは対照的に隠岐の海は元来受けの力士。受け止め、つかまえてから力を出すタイプ。それが完全に攻守明暗をわけた。快勝した貴景勝は優勝の権利をつかんで西土俵下で勝ち残り。（杉山邦博）

御嶽海　寄り切り　遠藤

〈取り口解説〉

遠藤は足の故障も治り、すでに勝ち越して三役維持を決めての土俵。御嶽海は、目の前で貴景勝が勝ったため「緊張した。どうしても勝つ」と自分に言い聞かせて土俵に上がる。遠藤に差させず、左右からはさみつけるようにして、出足早や一直線に西土俵に攻め切った。御嶽海も勝ち残って優勝決定戦へ。（杉山邦博）

優勝決定戦。

御嶽海　寄り切り　貴景勝

〈取り口解説〉

結びの豪栄道、栃ノ心の大関戦が終わって8分後に柝《き》が入る（著者註：呼出が打つ拍子木のこと。拍子木を打つのを「柝が入る」という）。東花道から早々《はやばや》と御嶽海が入場した。貴景勝はゆっくり西から入る。両者のメンタルな面をどう見るかと思いながら土俵を凝視した。

仕切り3回目で時間いっぱい。70センチの仕切り線をはさんで、貴景勝は距離をとり退《さ》がって仕切った。御嶽海は仕切り線いっぱいに手をついて腰を割った。頭を低くしてぶつかり合い、御嶽海は8日目に貴景勝に負けた反省から、頭から貴景勝の胸に激しくぶつかった。体が接触した瞬間、間隔が詰まったため、貴景勝は下から左ハズ押しの手が伸びない。このため、貴景勝は右に開きながら引いてしまった。こうなると御嶽海の思うつぼ。もろ差しとなって、息もつかさず西土俵白房下へ寄り切った。内容満点の御嶽海の優勝だった。

国技館内満員のファンの様子を、取組前からぐるぐる首を回して見ていた。7割の人が貴景勝の応援タオルを広げて大歓声をあげていたが、勝負が終わると、みんな両者に惜しみない拍手を送った。大相撲ファンの温かい心情に触れてホッとした。(杉山邦博)

8日目に貴景勝にあっけなく敗れた御嶽海が、優勝決定戦では完璧な相撲で寄り切り、2度目の優勝を達成しました。関脇で2回優勝は、朝汐(のちの第46代横綱・朝潮)以来、62年ぶりのことだそうです。

優勝力士のインタビューで、「最高です」と大声を上げた御嶽海は、「賜杯を抱いた前回(去年・名古屋場所)と今回の違い」を問われて、「重かった。前回の優勝はまぐれだったが、今回は目標に向かって取り組んだ」とはっきり答えました。

貴景勝は大関に復帰。御嶽海にとっては、大関への道が決まる11月、九州場所が勝負です！

9月秋場所を総括すると、土俵を盛り上げた力士のひとりに西前頭2枚目・朝乃山がいます。いつか、白鵬が「朝乃山は、相撲取りの理想の身体《からだ》をしていて重い。育てがいのある力士」と言いましたが、1横綱、2大関を破り、強さは本物と映ります。実力が無ければ52年ぶりの平幕優勝（2019年5月場所、東京・両国国技館）はできません。御嶽海と並んで来年の大関候補、間違いなしとは、シロウトの予言です。なによりも「あさのやま」（浅野は著者の名前）とは四股名がいい。

それにしても、秋場所を振り返って、改めて「横綱・白鵬」の存在の大きさを痛感させられました。白鵬のいない場所は、星取表は混とんとして右往左往するばかりで、どっしりとした落ち着きがありません。11月、九州場所に元気な姿で出場して、令和元年の土俵を締めくくることが出来るか、只々《ただただ》ケガの具合が気がかりです。

横綱の休場埋めた〝小兵〟ふたり！

「秋場所、無事終了。横綱の露払い・石浦、太刀持ち・炎鵬がともに勝ち越しました。小兵力士の踏ん張りが場所を盛り上げました。炎鵬が勝つのを観に来る相撲ファンが多いのだそうです。石浦（8勝7敗）、炎鵬（9勝6敗）の戦いぶりは、横綱の眼《まなこ》にどんな姿に映っているのか興味があります。浅野勝人」（千秋楽、9月22日）

「石浦、炎鵬ともに勝ち越し、私の休場の分まで頑張ってくれました。ふたりとも、小兵が〝けれん〟（著者註：ごまかし）に走ることなく土俵を沸かせたのは立派です。千秋楽の炎鵬は、低く真っすぐ佐田の海に潜り込んで、左を深く差し、右も攻めながら下手投げで勝った取り口は今場所を象徴する勝利だった。ふたりとも基本に忠実な稽古にいっそう励んで、来場所も活躍してほしい。白鵬翔」（9月23日）

「孤独なひとり旅に〝小《ち》っちゃいが頼もしい〟旅連れができた。浅野勝人」（同日）

「手探りの旅に光明をくれています。白鵬翔」（同日）

プロ野球、巨人軍の阿部慎之助選手が、入団19年目を区切りに、今季限りで現役を引退すると表明しました。「選手生活は終えるが、野球人生は生涯貫く」と述べました。（9月24日）

阿部慎之助は40歳。２００１年ドラフト1位で巨人入り。チームが日本一になった12年には、首位打者と打点王の2冠を達成してセ・リーグの最優秀選手に選ばれました。18年間連続2桁本塁打の「強打の捕手」。言動から察して、今後は捕手およびバッティング・コーチ。さらにはヘッド・コーチとしてもっぱら後進の指導に当たり、いずれは巨人軍の監督を目指すものと思われます。さし当たって、二軍監督に就任しました。「捕手だったから、ここまで打てた。（捕手としての）配球の勉強が打撃につながった」と回想しています。

一流のアスリートは、考えること、努力することが並みではありません。白鵬翔も生涯土俵を離れるつもりはないと明言しており、技を探求する熱意と深さは半端ではありませんから、共通するものを感じます。白鵬に阿部現役引退の感想を聞いてみたい気がしますが、引退に関する心境に触れるのはまだ早い。いまは自粛いたします。

横綱・稀勢の里　最後の土俵入り

2019年9月29日、荒磯（現・二所ノ関）親方襲名披露の断髪式が行われました。第72代横綱・稀勢の里、最後の土俵入りが、国技館を埋めた相撲ファンを魅了しました。

弟《おとうと》弟子だった大関・高安は「まだ頭の整理がつかず混乱しています。入門した当初から可愛がってもらい感謝しかありません。相撲に取り組む横綱の真摯な姿勢を踏襲してまいります」と涙ぐみました。

「稀勢の里の断髪式の土俵に上がり、大いちょうにハサミを入れた感慨はひとしおだったと思

稀勢の里の髷にはさみを入れる白鵬（写真提供：共同通信社）

います。浅野勝人」（9月29日）
「双葉山の69連勝の一歩前で、（白鵬の）連勝記録を止めたのは稀勢の里だったし、（稀勢の里が）横綱になるのを『壁』になって足踏みさせたのは白鵬。相撲を磨いていくうえでかけがえのない好敵手でした。今後は、親方として相撲協会、角界を引っ張っていってもらいたいと期待しています。白鵬翔」（9月30日）

第11章　エネルギーの源泉
――〝孤独なひとり旅〟

プロ野球、日本一を決める勝負でソフトバンクは強かった。ここ一番の勝ち方を知っています。ジャイアンツは、日本シリーズを経験していない若手選手のエラーや目に見えないミスで自滅しました。勝負に勝つコツを伝授されたように思いました。

「横綱は巡業をこなして、すこぶる元気と聞きおよんでいますが、ホントにケガは完治しましたか。重ねて申し上げるが、以前負った怪我を理由に途中休場は許されません。進退におよびます。オリンピック直前の来年が勝負。11月場所出場の可否は、ケガの様子を見極めて慎重に決めてください。浅野勝人」（10月27日）

「怪我は大丈夫です。休場しません。あとひと踏ん張り頑張ります。白鵬翔」（同日）

「いまの立場を十分わきまえている横綱の判断です。決意のほどを〝よし〟と受け止めます。このうえは、思う存分の土俵が努められるよう、場所中は、神仏の祈願を欠かしません。浅野勝人」（同日）

「ありがとうございます。白鵬翔」（同日）

「覚悟はできています」

「いよいよ、明後日、令和元年最後の場所の初日です。備えは万全と思いますが、来《こ》し方《かた》を顧みて悔いのない土俵をつとめてください。浅野勝人」（11月8日）

「覚悟は出来ています。白鵬翔」（同日）

明日（11月10日）から11月九州場所ですが、この秋はスポーツ満載です。東京オリンピック前年だからでしょうか。

アジアで初めて日本で開催された第9回、ラグビー・ワールドカップ（2019年9月20日～11月2日）には、世界各地域で勝ち抜いた強豪20カ国の代表チームが参加し、世界最強を目指して競いました。ワン・チームを掲げて戦った「桜のジャージ」の大善戦は、日本中の心をワン・チームにした強くて爽やかなジャパンでした。2015年の前回大会（第8回）で10対45で負けたスコットランドを28対21で破って、グループAを全勝で突破して決勝トーナメントに進んだのには、正直、びっくりしました。

前回のイングランド大会の予選で、世界ランキング1位の南アフリカ（今回の日本大会、優勝チーム）に34対32で勝って「世界の奇跡」と言われましたが、なにも不思議な出来事ではなかった。日本チームに実力が備わっていたからだということを、今回、見事に実証しました。

全国各地で行われた外国チーム同士のゲームにもかかわらず、全てチケットは売り切れ。どのスタジアムも超満員でした。その上、観客のマナーが最高で、贔屓のチームを破った相手・勝者に惜しみない拍手を送りました。各国のラガーマンが口を揃えて「また日本でやりたい」と言う理由《わけ》です。

卓球のワールド・カップ団体戦は、オリンピックの会場となる東京体育館で行われています。日本女子チームは、ヨーロッパ・チャンピオンのルーマニアに勝って、準決勝でも強敵・韓国チームを破り、明日（11月10日）、47年ぶりの〝世界一〟をかけて中国チームに挑みます。

卓球をメジャーなスポーツに引き上げた〝ピンポンの愛ちゃん〟（福原愛選手）の意思を継いだ日本チームの石川佳純、伊藤美誠、平野美宇の3人娘の清々《すがすが》しさが卓球ファンを魅了しています。今ではすっかり「すそ野」が広がって、3人娘に追いつく勢いの厚い選手層が育っているそうです。

日本開催のプレミア12（世界野球選手権大会）の「侍ジャパン」もB組、全勝1位で2次ラウンドに進みました。スーパーラウンドでは、メジャーリーグ経験豊かな選手が揃うアメリカ、メキシコ、それに強敵・韓国との戦いが待っており、大相撲中日の頃には世界一が決まります。

プロゴルフ、ボクシングのタイトルマッチ、バスケもサッカーも彩《はな》のある選手が満開で、大相撲を引き立ててくれています。

〝まるでオレが優勝したみたい〟――43回目の優勝

2019年11月10日、九州場所（福岡国際センター）。

進退のかかる場所が始まりました。なぜ、私がこんなに緊張するのか不思議です。初日の対戦相手は、先場所、初日に負けて右手小指を骨折して、休場のきっかけとなった小結・北勝富士。ちょっと嫌な予感がしないでもない。

初日。

白鵬　はたき込み　北勝富士

〈取り口解説〉

白鵬は抜群の集中力で厳しい立ち合いを見せた。右ひじを生かして強くかち上げ、突き飛ばす勢い。北勝富士は頭を下げて押し返そうとするが、叶《かな》わず、白鵬が余裕をみせてはたき込んだ。令和、そして日本国籍を取得して、最初の優勝に向けて、期するところがあると感じさせる初日だった。（杉山邦博）

「ホッとして、しばし放心状態。軍配が返った瞬間、恐ろしくて土俵から目をそらせた。初めて味わった我ながら奇妙な心境でした。やっと、ことばに尽くせない安堵感を満喫しています。これで性根が座りました。この上は貪欲に勝ちにこだわった方がいい。浅野勝人」（初日、取組直後）

「やっぱり土俵はいい。体調もいいです。習得した相撲のノウハウを全て駆使して、目いっぱいやります。白鵬翔」（初日夜）

2日目。

大栄翔　　押し出し　　白鵬

〈取り口解説〉

初日とは全く別人のような立ち合い。確かに右からかち上げたが、勢いがなく、踏み込みも半端。真っ正直の突き押しが身上の大栄翔が、頭を低く、突き放して出ると、白鵬はすぐ引いた。体の開きも全くなく、相手を呼び込んでしまう引き技。あっけなく土俵を割った。初日の集中力は何処へ行ったのか。雑な相撲と言わざるを得ない。（杉山邦博）

完敗にことばも無い。ショック！

横綱は「はたけば落ちる」と相手を甘くみた。それとも「はたいたら落ちた」と早合点したのではないか。

2日目にして横綱・大関が総崩れ。幕内力士の実力に差がなくなっているのをしっかり認識して、台頭する若手に胸を借りるつもりで立ち向かわないとヤバイ！

3日目。

白鵬　すくい投げ　朝乃山

〈取り口解説〉

昨日の敗戦で、白鵬のピークは過ぎたのではないかと先を案ずる声も聞かれたが、私はまだまだ大丈夫とみる。朝乃山には名古屋で完勝しているが、若者は場所ごとにぐんぐん伸びる。白鵬がどんな対応をするか、白鵬の今後を占う意味でも注目の一戦。

今日の気迫は凄かった。立《たつ》や、右から音がするほどの強烈な張り手。朝乃山が踏み込んで左上手をさぐろうとしたが、白鵬は素早く左を差し、右も差して双《もろ》差しになると、間髪入れず左から大きくすくって転がした。右の相四つの対戦のはずだったが、相手の裏を突いて左から入る左四つねらい。考えた作戦が見事に的中した。

集中力はもちろん、読みの深さ、巧みさはさすが。(杉山邦博)

3秒で退けた。完勝! まともにぶつかって右四つに組むのを避けた横綱の老練な作戦勝ちと映りました。思惑通りに相撲が取れるキャリアの差、格の違いを見せました。春日野親方は「横綱の意地を感じた。やはり場所は白鵬を中心にまわっていく」とNHKTVで解説しました。

いずれ大関、横綱に昇進する朝乃山との一番を見れば、シロウトなりに横綱・白鵬の先がわかると思っていましたから、ひと安心! ひと安心!

親しくなった朝日新聞・竹園記者がメールをくれました。(紙面を離れた個人の感想です)

「きょうは、横綱の作戦勝ちでした。意表をついた左差しからの両差し。技の〝引き出し〟の多さで快勝しました。ただ裏を返せば、朝乃山と右四つ勝負にしたくなかったからでしょう。明けて35才の年令と体力を自覚した勝つために考え抜いた技です。さすが、大横綱は大横綱でした」

「竹園さん、今日の土俵が白鵬のこの先を占う〝大事な一番〟と注目していたから、大相撲担当の名記者がメールをくれたのでしょう。私《わたくし》的には、〝いけるところまでいってみるということかな〟と思案しています」

中日をむかえ、7勝1敗の横綱・白鵬のほかは2敗の小結・朝乃山、前頭13枚目・輝《かがやき》を含めて混とんとしています。土俵が今ひとつ盛り上がりを欠くのは、横綱・鶴竜が全休。大関・豪栄道は2日目から、カド番の大関・高安は8日目から、10勝して大関復帰をめざした関脇・栃ノ心は5日目から、平幕では逸ノ城が全休、友風が3日目から、新入幕の若隆景は5日目からそれぞれ休場しているためで、「白鵬頼み」の上位不在の場所になっています。

幕内力士が7人も休場したのは珍しいことです。特に、横綱を倒すことが使命の位置にいる大関陣のふがいなさは目を覆います。

2017年初場所で大関・稀勢の里が優勝して横綱になって以来、先場所まで16場所の間、関脇が3度、小結は1度、平幕力士も2度優勝していますが、大関の優勝はゼロです。あとは全て横綱が優勝しています（白鵬5回、鶴竜3回、日馬富士1回、稀勢の里1回）。

9日目。白鵬8勝1敗、勝ち越し。

「安心して視ています。力士はみんな白鵬に挑戦する機会を誇りに思っているようです。そして『やはり横綱は強かった。負けたけれどもチャレンジして学ぶことがあった』と述べています。横綱に敗れた力士が発奮して、もっと稽古を積んで〝今度は倒す〟と励みになっている存在は〝横綱冥利〟に尽きます。千秋楽まで神経を研ぎ澄まして、相撲道の神髄を示してください。浅野勝人」（11月18日）

「場所前に誓った通り、十分、自覚しています。白鵬」（11月19日）

14日目。

白鵬　外がけ　御嶽海

白鵬、13勝1敗。千秋楽を待たずに43回目の優勝。4場所ぶり。9月に日本人になってから初めての優勝。

「〝限界の壁〟をぶち破りました。連日の変幻自在の〝勝ち技〟に感服しました。稽古と経験は嘘をつきません。今場所の結果に一番驚いているのは私です。3月に痛めた右上腕二頭筋断裂の後遺症を案じていたからです。無理して出場して途中休場となると、進退におよびかねないと心配していました。すべての懸念が杞憂に終わりました。私がかねて必要性を主張していた『張り手、かち上げ』を随所に復活させて、生き生きと取り組んだことに満足しています。〝型をもって、型にこだわらない〟は白鵬翔の相撲哲学です。もはや限界を究《きわ》めるしかありません。浅野勝人」（11月23日）

「令和元年に間に合ってよかった。考えて考えて考え抜いた相撲の結果でした。右腕の怪我をのり越えられたのがうれしい。てっぽうは〝手の四股《しこ》〟です。白鵬」（同日）

※〈てっぽう〉（鉄砲）

稽古場にある「鉄砲柱」に手を繰り返し打ちつける突っ張りの稽古法。手に力を込めて、相手のからだを突きとばす「もろ手突き」のこともいう。

――上品な取り口で負けるのが「いい横綱」か――
荒々しく立ちはだかるのが〝真の綱〟だ！

「白鵬限界説」「横綱の張り手、かち上げ」を批判する舞の海秀平に「烈《はげ》しい技を使って勝つよりも、お上品に振舞って負けた方が〝いい横綱〟なのか」。NHKTV解説で聴いてみたい。「横綱の張り手、かち上げは見苦しい。見たくない」とおっしゃる横審委員に「勝つために荒々しい技を駆使して、若手の前に立ちはだかる偉丈夫の存在なくして誰が大相撲を引っ張るのか」応えていただきたい。それとも手っ取り早く「張り手、かち上げを禁じ手」にして、大相撲の魅力を骨抜きにしますか。

NHKTVの解説で、アナウンサーから「今場所の横綱は、張り手、かち上げが多いですね」と仕向けられた荒磯親方（横綱・稀勢の里、現・二所ノ関親方）は、

「（白鵬が）私に（かち上げを）仕掛けてきたら、すぐ左を差して（私が）有利な体勢になりますから、それが（白鵬には）分かっているので（かち上げは）してきませんでした。勝つためにどの技を使うか、使わないかです」と述べて、稽古で磨いたあらゆる技を繰り出して、命

語り合う横綱・白鵬と著者（安保政策研究会会友・椎名芳秀　撮影）

がけでぶつかり合うのが大相撲の勝負だと諭しました。さすがです。

「〝優勝おめでとう〟のメールがあちこちから来ました。まるでオレが優勝したみたい。痛快！　浅野勝人」（楽日）

「優勝おめでとうございます（笑）。ここぞという折々に、心に響く直言ありがとうございました。白鵬翔」（11月25日）

「孤独なひとり旅は、己《おのれ》との戦いです。己に勝つ胆力を磨いてくれるのが稽古場です。浅野勝人」（同日）

「確かに孤独なひとり旅から〝耐えて勝つエネルギー〟をいただきました。白鵬翔」（同日）

わたしの著書を丁寧に読んでくれている方がくれた手紙に面白いくだりがありました。

「浅野先輩の白鵬に対する激励のことばには、心打たれます。九州場所が終わって間もないので、優勝した横綱・白鵬のことについて書きます。浅野先輩の著書のせいか、白鵬関の目だけを見ていると、写真によくあるチンギス・ハーンの目と似ています。紙で横長の幅2センチくらいの〝覗き穴〟を作って、目以外のところは見ないで、じっとTV画面を視ていると絶対にそう見えます！」

わたしも、今度、試してみます。

「萬葉版画」（宇治敏彦　作）

第12章　果てしない〝旅路〟

令和2年迎春。

「いよいよ初場所！　横綱に挑む力士の前に立ちはだかるのが役目です。15日間、横綱に挑戦する力士に稽古をつけてやってください。連続優勝にはこだわらない方がいい。『壁』になれば、結果は自ずとついてくる。浅野勝人」（2020年1月8日）

「坦々と坦々と！　けだし全知全能をかたむけて挑みます。白鵬翔」（同日）

日本相撲協会は、稽古中に殴り合いのけんかをした幕内・石浦（29）と幕下・宝香鵬《ほうかほう》を処分しました。（2020年1月9日）

1月4日、宮城野部屋の朝稽古の最中、駄目押しされたと感じた石浦が腹をたてて拳《こぶし》で殴りかかり、宝香鵬も応戦しました。一緒に稽古していた白鵬が止めに入り、事なきを得ました。コンプライアンス委員会が調査した結果、「稽古中に握り拳で殴ることを禁じた」暴力禁止規定4条に該当して、稽古の範疇を逸脱しているが、「稽古中、白熱のあまり感情的になったもので、暴力の継続性や反復性はない。いじめや制裁の陰湿な要素もない。両力士とも深く反省していて双方に悪意はない」と判明したため、石浦は1カ月間20％の報酬減額と譴責、宝香鵬は譴責、宮城野親方が3カ月間20％の報酬減額となり、軽い処分で済みました。

協会の芝田山広報部長（元横綱・大乃国）は「今回は稽古中に気合が入って熱くなった突発的なもの。上の者が下の者に暴力をふるう今までのケースとはちがう。処分が厳しすぎて、力士が委縮しても困る。処分内容を自覚していっそう稽古に励んでもらいたい。特に、第一人者である白鵬が所属する部屋であることを考えなくてはいけない」と述べて、思慮深い判断を示しました。

縁は異なもの粋なもの！

私が主宰しているシンクタンク「安保政策研究会」の研究員、徐博晨（東大大学院博士課程）から、両親と一緒に宮城野部屋を訪問して稽古を見学する機会に恵まれ、横綱に会えたのを喜んでメールが来ました。

「初場所、初日の朝。ある方のご手配のおかげで、一家で宮城野部屋の稽古を見学させていただきました。普段は非公開らしいので、とっても貴重な体験になりました。稽古がひと段落した折、白鵬関が自らやってきて、ファンサービスをしてくれました。両親は、中国のお菓子を献上し、サインをもらい、また白鵬のために作った漢詩を披露しました。

朝稽古を見学：著者の好朋友（親友）中国人一家。

若輩の私が、『実は浅野勝人先生のご指導をいただいています』と話すと、パッと白鵬関の表情が明るくなって『あ、そうなんですか！』と言って、わざわざ握手と写真を頂き、『今度は三人で飲もうじゃないか』とおっしゃっていただきました。浅野先生のおかげで大変光栄な経験をさせてもらいました。この一枚の写真は家宝にして大事にいたします。徐博晨」（1月12日）

贈白鵬
秦漢角觝唐相撲、神事素舞伝東瀛。
昔日武戯今国技、只為求得五谷豊。
四股仕切銀杏結、誠実果敢力士風。
群雄聚首宮城野、絶代横綱数白鵬。

白鵬に贈る
秦漢《しんかん》の角觝《かくてい》で唐《とう》の相撲《すもう》なり、
神事《しんじ》の素舞《すぶ》が東瀛《とうえい》に伝《つた》ふ。
昔日《せきじつ》の武戯《ぶぎ》は今の国技《こくぎ》なり、
只《ただ》五穀《ごこく》の豊《ほうさく》を求得《もとめう》が為。
四股や仕切に銀杏《おおいちょう》の結《まげ》、
誠実にて果敢なる力士の風《ふうかく》なり。
群雄が宮城野《みやぎの》に聚首《あつまり》て、
絶代《ぜつだい》なる横綱は白鵬《はくほう》に数《かぞ》ふべし。

父親・徐一平北京外国語大学教授は、中国における日本語研究の第一人者。母親・滕軍北京大学教授は、中国トップの日本文化研究家。両人とも著者の好朋友（親友）。著者は、滕軍教授の「中日文化交流史」の講座で年2回、特別講義を続けていました（詳細は『北京大学講義録　日中反目の連鎖を絶とう』浅野勝人著、NHK出版2013）。まさに〝縁は異なもの粋なもの〟です。

前代未聞の平幕同士の優勝争い！

２０２０年1月、初場所（東京・両国国技館）。

初日。

白鵬　寄り切り　大栄翔

〈取り口解説〉

先場所、唯ひとり敗れた相手、大栄翔との対戦。先場所は、気を許した胸を出す立ち合いで不覚を取り、悔いを残した。注目の立ち合いは、気合鋭く、低く踏み込みながら右から張って左を差した。右四つ十分の横綱が全く迷うことなく左四つを選んだ。相手の動きを完全に封じて右上手で崩し、向正面白房下に寄り切った。満点の勝利。強引な、派手な投げにこだわらず、正攻法で勝利したことに拍手を送りたい。第一人者の白鵬も30代半ばとなり、追いかける若手は場所ごとに成長する。常に集中して堂々と臨んでほしい。（杉山邦博）

２日目。

遠藤　切り返し　白鵬

横綱の2度、3度の上手投げを堪《こら》えた遠藤が切り返して白鵬を倒した。

「一喜一憂は卒業。気にしない！　気にしない！　成長した若手を褒めてやればいい。白鵬翔の存在は、勝ち負けを超えている。明日から、また一番、一番、全力投球をして対戦する力士の技と意気を引き出してやるのが務《つと》め。浅野勝人」（1月13日）

3日目。

妙義龍　突き落とし　白鵬

立ち合い、妙義龍が左にかわすと、白鵬、身体《からだ》が流れて、そのまま両手を土俵についた。勝負にならない。こりゃ、いったい、なんとしたことか！

「どうしたことか〝気〟（気合）が入らない。宙に浮いている感じ。熱っぽい。白鵬翔」（14日

夜）

15日、宮城野親方が発表——白鵬、4日目から休場。

休場届：右踵《かかと》部裂傷蜂窩織炎《ほうかしきえん》、発熱。全治2週間＝踵の急性化膿性炎症による発熱。ブドウ菌、連鎖菌などによって化膿し、赤く腫れあがって痛む。

場所前の稽古で切った踵から菌が入り、炎症をおこして発熱したものと思われる。

中日。

炎鵬　押し出し　遠藤

炎鵬が絶好調の遠藤を押し出して、また国技館が揺れた。拍手が鳴りやまない。

5日目から右足首故障の鶴竜が休場して、「壁」不在の場所は、力をつけてきた若手力士の闘《せめ》ぎ合いとなって〝満員御礼〟の興味をそそっています。

7勝1敗は大関・貴景勝と前頭4枚目・正代、17枚目・徳勝龍。6勝2敗が前頭筆頭・遠藤、9枚目・豊山《ゆたかやま》、11枚目・輝、14枚目・照強《てるつよし》。5勝3敗は関脇・朝乃山を筆頭に5人と優勝圏内に12人がひしめいて、混とんとしています。後半の予測は困難です。

中日。関取（幕内、十両）の勝ち越し＝8勝0敗は十両の元大関・照ノ富士だけ。関取としての勝ち越しは、大関だった17年の夏場所以来、実に16場所ぶりです。序2段48枚目まで落ちて、よく這い上がった。

白鵬、日馬富士、鶴竜3横綱に大関・照ノ富士全盛の頃、白鵬と話していた折、

浅野　モンゴル横綱4人衆、実現まじかですね。
白鵬　それは無いです。
浅野　大関の両ひざの故障が酷《ひど》いからですか？
白鵬　それもあるが、足りない点がある。

なにが足りないのか、あの時、聞くのをためらう雰囲気でした。

その後、照ノ富士は、手負いの横綱・稀勢の里との優勝争いに、本割、優勝決定戦と立て続けに負け、間もなく大関を転落し、あれよあれよという間に幕下、さらに序二段まで落ちました。大関の経験者で、幕下に転落した力士は他にいません。

照ノ富士の心身の苦痛は、想像に難くありません。どれほど悩み、どれほど苦しんだか、そ

れをひとつずつ乗り越えて、関取へカムバックを果たしたのは半端ない稽古の結果です。この努力の道のりで、いつぞや、白鵬が「足りない」と指摘した〝何か〟を克服したに違いありません。照ノ富士、加油！　加油！

「右踵《かかと》の腫れと痛みは、和らぎましたか。その後の経過を案じています。浅野勝人」（1月21日）

「だいぶよくなっていますが、稽古ができるまでには治っていません。明日のことを考えずに治療に専念します。白鵬翔」（同日）

終盤を迎えた土俵では、優勝に絡んでいる三役（大関・関脇・小結）は貴景勝だけ。あとは平幕（前頭）という前代未聞の混戦。勝った方が優勝に王手の「平幕1敗同士の対戦」です。14日目。

徳勝龍（前頭17枚目）　突き落とし　正代（前頭4枚目）

〈取り口解説〉

天皇ご一家（愛子さまもご一緒）をお迎えしての14日目。優勝争いのトップに立つ正代と徳勝龍の対戦は、前半戦だったためご覧いただけませんでした。

注目の一番。相撲関係者や記者の多くが正代の勝ちを予想していたが、一番勝負はわからない。左の合い四つ。立ち合い徳勝龍がサッと右上手を先に取ったのには驚いた。正代は十分の左を差せたが、相手に上手まわしを取られてあわてた。それでも前に出ながら右に巻き替え、もろ差しを狙って更に前に出た。ここがポイント。勝ち急いだ正代の気持ちを見透かしたように徳勝龍が左から突き落とした。徳勝龍は、平常心、無心で臨み、相手の焦《は》やる気持ちを読んだ結果の勝利。（杉山邦博）

徳勝龍が5日連続の「突き落とし」で結着をつけました。毎日新聞・村社拓信記者は〝神業〟と書いています。

14日目が終わって、優勝は13勝1敗の徳勝龍と12勝2敗の正代にしぼられました。明日の千秋楽はえらいことになりました。両横綱不在で番付トップの大関（貴景勝）と前頭最下位・幕尻（徳勝龍）との対戦が優勝の行方を決めます。

幕尻の力士が、千秋楽「結びの一番」（場所最後の取組）に登場する例を調べてみましたが、記録が見つかりません。大相撲の歴史上、はじめてのことだからではないでしょうか。ご存知の向きはぜひ、ご教示ください。

千秋楽。

徳勝龍　寄り切り　貴景勝

徳勝龍が奇跡の初優勝。堂々たる力相撲で大関を倒して勝ち取った14勝1敗は全国の相撲ファンを納得させる賜杯です。西前頭最下位力士の〝幕尻優勝〟は、2000年春場所、貴闘力以来、史上2人目、20年ぶりの記録達成となります。優勝インタビューで「幕尻のわたしが優勝していいんですかねェ。自分には怖いものがないので、思い切っていくだけでした」と述べたのは、正直な気持ちの表れと思います。

正代も御嶽海に勝って13勝2敗の星を残し、大関先陣争いに加わりました。

十両の優勝は、13勝2敗の照ノ富士でした。春場所の照ノ富士に注目です。

その一方で、豪栄道が大関から転落しました。これで4場所続けて大関が陥落し、春場所は貴景勝だけとなります。ひとり大関は、1982年初場所の琴風以来38年ぶりのことです。

横綱・白鵬が不在の場所は、誰にも優勝するチャンスがありますが、それにしても幕内最下位の徳勝龍の優勝は、思いもかけない大番狂わせでした。にもかかわらず、徳勝龍の人間的な好感度が、競り合いでぎすぎすしがちな土俵を妙に和《なご》ませ、連日、満員御礼の垂れ幕となりました。

そして、優勝経験のある豪栄道が引退の意向を固めました。多くの怪我に苦しみながら、何度も角番（勝ち越さないと大関を転落する場所）を乗り越えてきた大関でした。9度目の角番で臨んだ今場所、5勝10敗に終わり、土俵を去る決断をしたものと思われます。気迫と根性の大関・豪栄道！　ご苦労さまでした。

初場所が終わって、良く聞かれるのは「白鵬は、秋には引退するそうですね」という質問です。確かに「優勝はもういい。あれだけの横綱だ。立派な辞め方を見せてほしい」という北の富士の指摘は重要です。実は、「大横綱らしい見事な引き際」については、〝この時〟しかないのではないかという〝その時〟を著者も思い描いていますが、今は、独断で次の答えを繰り返しています。

「〝オリンピックまでは頑張る〟と言い続けてきたので、オリンピックが終わったらモチベーションを維持できなくなる。〝優勝回数をもっと増やす〟と自分に言い聞かせて気持ちを奮い立たせているようですが、横綱の本音はどうなのでしょうか」

――得心するまで相撲道を究《きわ》める。けだし土俵（現役）には恋々としない――これが白鵬翔

白鵬杯世界少年相撲大会：2020年2月、東京・両国国技館。

の真骨頂です。

「第10回白鵬杯世界少年相撲大会、無事終了しました。白鵬翔」（2月4日）

2月2日、日本を含めて世界13カ国から〝関取のたまご〟1100人余の豆力士（小・中学生）が参加して、東京・両国国技館で白鵬杯を競う少年相撲国際親善大会が行われました。大阪でスタートして、会を重ねること10回です。

「日馬富士、稀勢の里、両横綱が駆けつけて〝3横綱〟そろい踏みなんて、白鵬の主催だからこそ実現するすごい大会です。子ども達も大喜びだったでしょう。よかっ

た、よかった！　浅野勝人」（同日）
「新型コロナウイルスによる肺炎感染を懸念して、中国が参加しませんでした。落ち着いたら、呼んであげたいです。白鵬翔」（同日）

プロ野球の名捕手で、初の3冠王を達成し、監督としても3度、日本一に輝いた「ＩＤ野球」の野村克也さん（84）が、2月11日、旅立ちました。幾多の名言を残した事でも知られています。

「〝勝ちに不思議の勝ちあり、負けに不思議の負けなし〟野村名監督のことばです（元は平戸藩主・松浦静山の言葉。野村克也・座右の銘）。衆参両院の選挙を戦い、勝ったり負けたりしましたが、勝った折は、よかった！　よかった！　となんとなく通り過ぎました。その反面、敗因が明確でない負けはありませんでした。〝なぜ負けたか〟はとても重要です。浅野勝人」（2月12日）
「得心するまで〝なぜ敗《やぶ》れたか〟を突き詰めてきたのが、勝ち星を連ねることができた大事な要因と思っています。頂門の一針をありがとうございました。白鵬翔」（同日）
「久しぶりに元気な横綱と語り合って、安堵しました（2月13日、銀座「鵬」）。春場所に備え

て、生涯でこれほど厳しい稽古をしたことはないと言い切れる時間を過ごしてください。浅野勝人」（2月16日）

「ケガの具合には触れませんでしたが、実は、まだ足ダメです。とりあえず頑張ります。白鵬翔」（2月17日）

「そうでしたか。横綱がなにも言わないので、もう大丈夫かと思いました。春場所まで20日間。治療と稽古で完治しなかったら〝全休〟して、5月場所、7月場所に相撲生命をかけるしかありません。右足首が踏ん張れないのに、無理して土俵に上がって、連敗して休場は『即、引退』と映ります。オリンピックまで頑張るという意味を、無理することと勘違いしてはいけません。鶴竜もケガで危うい現状の中で、オリンピックに横綱不在というわけにはまいりません。浅野勝人」（同日）

「ケガと相談しながら稽古して、春場所に対応します。『全休』のまま退《しりぞ》くわけにはまいりません。たとえ負け越しても、15日間、土俵を全うして散ります。どんな展開になっても、〝全身全霊〟を傾けて、白鵬翔のド根性を見せます。白鵬翔」（2月20日）

無観客開催——変則的な春場所に力士は困惑！

2月26日、スポーツ庁・鈴木大地長官、各スポーツ競技団体に新型コロナウイルス感染拡大防止のため、観客が大勢集まる競技大会の自粛を要請。サッカー、ラグビー、野球、体操、ゴルフ、その他の競技団体、早々と要請を受諾。試合中止もしくは大幅延期。

安倍首相の強い意向で、3月2日から全国の小・中・高校、春休みまで一斉に臨時休校。日本列島前代未聞の緊急事態です。

日本相撲協会は、3月1日、臨時理事会を開いて協議の結果、大阪・春場所は、観客を入れない〝無観客開催〟と決定しました。日本を代表する国技の大相撲は率先して中止すべきと思いますが、観客なしでお相撲だけやるという変則的な開催となりました。過去、戦争や八百長で場所を中止したことはありますが、観客なしの土俵の記録はありません。力士はメディアに問われれば、誰でも「協会の決定に従って、気持ちを切り替えて全力で戦います」と答えますが、内心、困惑しているようです。

報道によりますと、背景にＮＨＫの放送権料を失いたくない思惑があるからと伝えられています。もし、そうなら、大相撲はほかの競技と異なり、延期ができない特殊事情がありますから、政府から放送権料に見合う「感染防止協力金」を助成してもらって中止したらいい。助成金は税金ですが、そんな事情で相撲協会に支出するのにクレームをつける納税者は一人もおりません。

通常なら、右足首故障が完治していない横綱には春場所休場をアドバイスします。ウイルス騒動、無観客開催と混迷する状況の中で、番付最上位の責任ある立場の横綱に「春場所、どうしますか?」とは、到底、申せません。そんな問いかけは、白鵬翔にとっては〝拷問〟です。

大阪・春場所に向き合う横綱・白鵬の判断を待つしかありません。

2020年3月8日、春場所（エディオンアリーナ大阪）

白鵬、出場を決意。

「右踵の具合と相談しながら、苦境、逆境に〝強い〟白鵬翔の真骨頂を見せてください。浅野勝人」（3月7日）

「不思議な場所でイメージできませんが、なんとか頑張ります。白鵬翔」（同日）

初日。

白鵬　はたき込み　遠藤

「横綱が〝相撲生命〟をかけるのは5月場所です。そのためには、休み明けの今場所で踏ん張る姿が何より大事です。〝無理をせずに勝つ〟という難しい土俵ですが、勝ち越し（横綱の勝ち越しは11勝）を目指して静かに取り組んでください。浅野勝人」（初日）

「よくわかっているつもりです。白鵬翔」（同日）

中日。

白鵬　とったり　阿炎

唯一人、8戦全勝で折り返し。

「唯唯感じ入っています。足首のケガをいたわりながら、なお真剣勝負に勝つ心技の深さに感服しています。右踵が完治していないことを誰にも気付かせない泰然自若な様《さま》に凄みさえ覚えます。ひらめくままに全うしてください。浅野勝人」（3月15日）

「過分です。もうチョットがんばります。白鵬翔」（同日）

千秋楽。

白鵬　寄り切り　鶴竜

横綱・白鵬13勝2敗、44回目の優勝。

「見事でした。5月場所に期待した結果を休場明けの今場所で実現しました。土俵の神様から果てしない〝ひとり旅〟の宿命を授かりました。浅野勝人」（3月22日）

「反省すべき取組もあって、なお心技十分とは申せません。遠い〝後の先〟を求めて旅します。白鵬翔」（同日）

朝乃山、大関に昇進。

双葉山と四つに組んで相撲を取った！

宮城野部屋が3月場所に備えて大阪へ移動する直前、久しぶりに銀座「鵬」で語り合う機会がありました（2月13日）。横綱が、突然、突拍子もないことを言いました。

「双葉山と相撲を取ったことがあるんです」

「エッ」と聞き返すと、

「もちろん、夢の中です。よく記憶しています。平成21（2009）年、名古屋場所で11回目の優勝をしました。あと1回優勝すれば、尊敬する双葉山と並ぶ。頑張るぞ！　と思っていた折です」

「2009年の名古屋場所といえば、優勝した横綱に首相代理の私（内閣官房副長官）が内閣総理大臣杯を渡した思い出の場所です」

「あの時、浅野先生が総理大臣杯を渡してくれたんでしたっけ！」

「いっぱい優勝しているから、ごちゃまぜになって覚えていないんだ」

「浅野先生とは摩訶不思議な縁を感じますね。アレから間もない巡業先の夢の中で、朝稽古の

白鵬と著者（2020年2月13日、銀座「鵬」）椎名芳秀社長提供

土俵にまわしをつけた双葉山が出てきて胸を貸してくれました」

「ぶつかり稽古をした？」

「何度もぶつかりました。どっしりと受けてくれました。いま、石浦や炎鵬に胸を貸して朝稽古をしているのと同じ景色です」

「相撲は取った？」

「四つに組みました。四つに組んだまま動かなかった」

「どちらが勝った？」

「四つに組んだままでした。そのあと、ふたりでどこかのパーティへ行って、よもやま話をしたのをぼんやり覚えています」

「なぜ、今、出し抜けに想い出したのですか？」

「かねて双葉山にはこよなく憧れ、尊敬の念が強かったので、夢に出て来てくれたのだと思います。〝後《こ》の先《せん》〟という双葉山の立ち合いの奥義（40頁に記述）を知り、遠くおよばないわが身から仰ぐと〝神のような存在〟です。いま、突然、想い出したのは、『わたしと相撲が取れたのだし、君はやるべきことは十分やった。関取として思い残すことはないだろう』と改めて声をかけてくれたように感じたんです。いつか髷《まげ》を落とす決断をした折に、決心がぐらつかないよう背中を押してくれたのだと思います。ありがたい先達に恵まれて幸せです」

白鵬翔は、大相撲を支え続ける決意に変わりありませんが、「髷」を落とす心づもりは出来ています。そして、令和を担う力士を育てることに秘かな情熱を燃やしています。「関取としての孤独なひとり旅」は、早晩、終焉しますが、「己に勝る横綱の育成に己をかける思い」が、白鵬を生涯〝土俵〟と決別させません。

ですから、私も場所ごとに、「これでお終《しま》いか」という思いにさいなまれるのは卒業して、すがすがしい想いで「不世出の横綱・白鵬の旅路の果て」を見届けることといたします。

コロナ・パンデミックを克服して開催されたオリンピックの開会式で、横綱・白鵬が、露払い大関・貴景勝、太刀持ち大関・朝乃山を従えて、世界に大相撲の土俵入りを披露する雄姿を夢見て〝完〟とします。

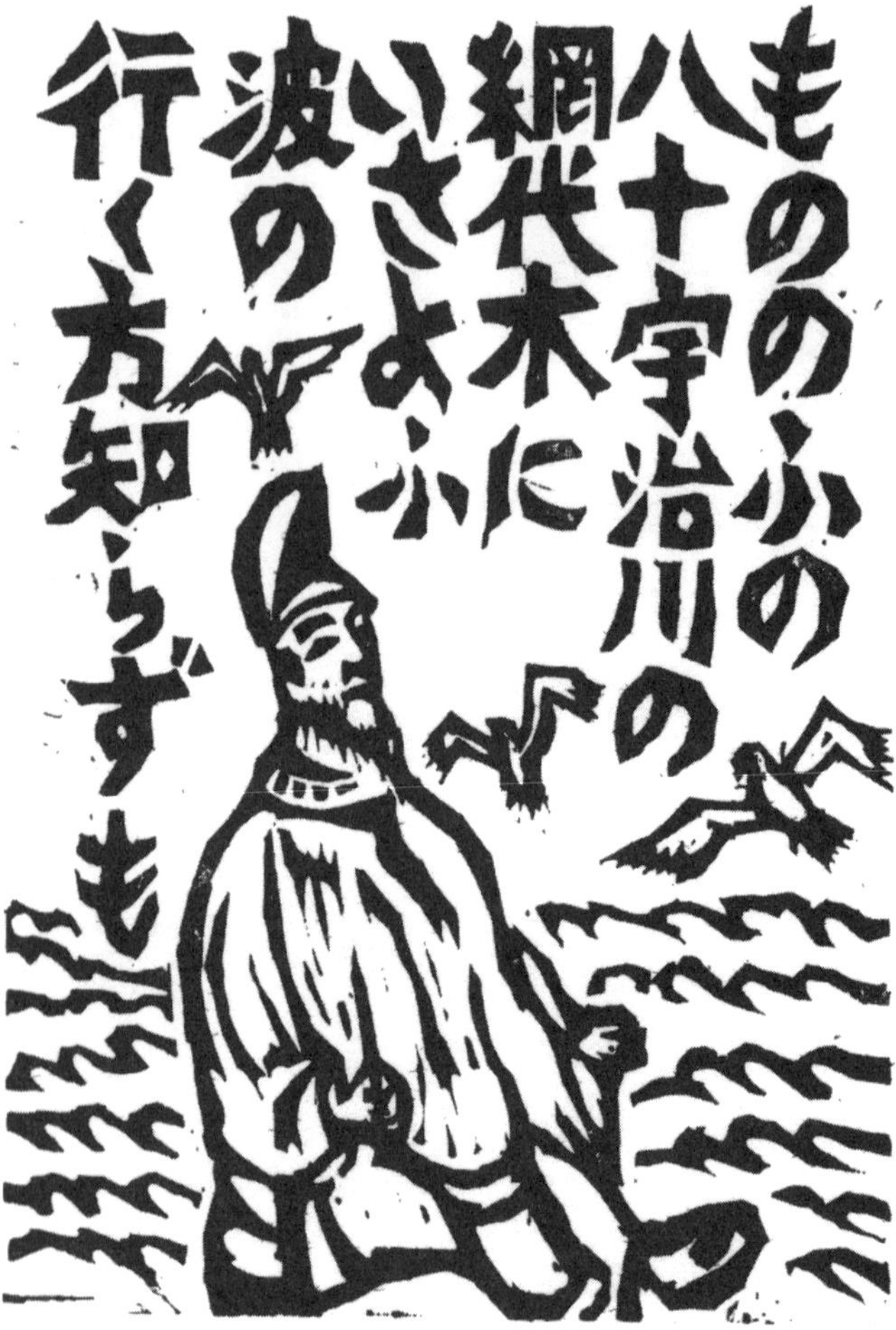
もののふの
八十宇治川の
網代木に
いさよふ
波の
行く方知らずも

「萬葉版画」（宇治敏彦　作）

——付記——

『孤独なひとり旅』は、実は『宿命ある人々　孫悟空——追っかけ〝西域〟ひとり旅』（時評社）のいわば続編です。さまざまな読者の方から、第3章「白鵬翔とチンギス・ハーン」に関連して、横綱にしぼって詳細に記述した著作を期待するという声をいただきました。

そのうちのひとつをご紹介させていただきます。

去年10月（2019年）、早稲田大学政治学会ＯＢ会から講演の依頼をいただき、その際、『宿命ある人々』を紹介したところ、2人の方から購読した旨、連絡をいただきました。

そのうちのおひとりの読後感想文に著者の私が感動しました。

——やっと読み終えました。遅くなり恐縮です。

政治記者としての行動力、衆・参国会議員としての政治への洞察力、長年の中国政界との交流、北京大学での講義、それらが混然一体となって、この本は出来ていると思いました。

孫悟空にあこがれた少年の頃の夢をひとつ、ひとつ追っていく著者の情熱と持続力は素晴らしい迫力でした。

半世紀以上にわたって大切な夢を持ち続け、追いかけた早稲田の先輩、浅野勝人さん。私は、サムエルソンの詩〝青春〟を想い起こしました。青春とは人生のある時期を指すのではなく、心の様相を云う……というあの詩です。あなたの人生は生涯〝青春〟です。

購読させていただき、私自身、若返った気持ちになりました。ありがとうございました。

（坂本　翼　拝）

読者の方々のこうした前作『孫悟空　追っかけ西域ひとり旅　宿命ある人々』に対する評価が、『白鵬翔とのショートメール　孤独なひとり旅』を誕生させてくれました。

ありがたく、感謝の思いを秘めて、ここらで一区切りにさせていただこうと存じました。ところが、お相撲はシロウトの著者が、「この本は、大相撲の解説書ではありません。一人の並はずれたアスリートの生き様《ざま》を通じて、人の生き様《よう》を追い求めたエッセイのつもりです」と言ってまいりましたので、それなら「相撲人生の正念場を迎える横綱の赤裸々な胸の内を伝える責めがある」と多くの方々から指摘され、改訂版『白鵬翔とのショートメール』の執筆を求められました。

「ドブロヴニク・プラツァ通り」（クロアチア）
（安保研オブザーバー・熊谷一雄　作）

第13章

㊕白鵬翔とのショートメール

——迷わず引退!

突如連敗──両膝大手術！

「明後日から7月場所。勝ち負けを超越した白鵬らしい取組を期待しています。浅野勝人」（2020年7月17日）

「目いっぱい　やります。白鵬翔」（同日）

2020年7月19日、変則：東京場所（東京・両国国技館）

5月場所は、コロナウイルスに乗っ取られて中止。7月場所は、土俵を名古屋から東京に移して決行。コロナと対決。観客は両国国技館の定員4分の1に相当する2500人に限定して開催。

2日目から鶴竜休場。白鵬、また〝孤独なひとり旅〟。

白鵬　全勝で中日折り返し。

「貫禄勝ち！　どっしりとした風格を感じます。これまでにない雰囲気です。相手は大関（朝乃山）と両関脇（御嶽海、正代）。身体《からだ》がよく動くのは、練習不足を補うために設けたトレーニングルームの効果だと思います。コロナのあおりで、軽くなりがちな部屋の朝稽古に加え、午後も随時、心身を鍛える〝個人ジム〟は貴重です。現場を見てそれを感じました。浅野勝人」（中日、7月26日）

「今場所は、澄んだ心境で土俵にあがることができていると自分でも感じています。**ただ、右膝がちょっと。**白鵬翔」（10日目、7月28日）

全勝の白鵬11日、12日目、連敗。13日目から膝の故障で休場。

「白鵬らしい相撲が求められます。星勘定の辻褄合わせの無理は禁物。故障したら休場すべきです。浅野勝人」（7月31日）

「ありがとうございます。**右膝に水がたまりまして**……膝の具合は治して土俵に上がっているつもりですが、10日目を過ぎた頃になると痛みを伴い思うように動けません。しっかり治して、また頑張ります。白鵬翔」（同日）

千秋楽　照ノ富士　よりきり　御嶽海

東の幕尻、前頭17枚目・照ノ富士13勝2敗で5年（30場所）ぶり2度目の優勝。大関から序二段まで転落、幕内に這い上がって、即、優勝は史上初めての快挙！

「照ノ富士の優勝には、正直、驚きました。横綱は伊勢神宮奉納相撲前夜の白鵬ファンの集い＝ステーキ・パーティ（西口康博会長主催：鳥羽・料亭まつむら）に関脇・照ノ富士を連れてきたことがあります。モンゴル後輩力士として気に掛けている風情でした（※2015年3月28日）。ところが、後日、照ノ富士には〝足りないものがある〟とつぶやいたので、怪訝《けげん》に思った

横綱・白鵬、関脇・照ノ富士と著者（安保政策研究会会友・椎名芳秀撮影）

ことがありましたが、理由《わけ》を聞ける雰囲気ではありませんでした。その後、とめどなく転落した。照ノ富士は、なにが変わったのですか。浅野勝人」（千秋楽、8月2日）
「人間的に成長したようにみえます。白鵬翔」（同日）

両膝《ひざ》の手術、成功しました。
「両膝の手術、先ほど無事に終わりました。成功しました。白鵬翔」（8月16日）
「よかった。膝のクリーニング手術はたいへん難しいと聞いています。右膝だけと思っていましたが、両膝ともなると大手術です。成功と聞いて安堵しました。浅野勝人」（同日）

9月2日、アレ（手術）から17日目、手術、マスコミに公表。一斉に報道。

他を寄せ付けない心技の強さを魅《み》せていた白鵬が、10日目を過ぎた頃にあっけなく負ける。奇妙に思ったファンの方が多いと思います。膝に水が溜《た》まると連敗、休場。そうならなければ（水が溜まらなければ）優勝。両膝の手術が巧くいったのですから、疑念を招く繰り返しはもう許されません。そのためには、9月場所は休んで治療に専念した方がいい。勝ち負けよりも15日間、全力を尽くして土俵を全うするのが、横綱に残されたつとめだからです。

「今日、メディアに手術を公表したようですね。9月場所との頃合いをみた適切な時期の発表だと思います。中途半端な対応はよくありません。手術後の治療に大事な時期。治療を優先、休場を勧めます。浅野勝人」（9月2日）

「そのようにしたいと思っています。白鵬翔」（同日）

「休場の報道に安心しました。大手術をして休むのは当たり前のことです。外野席の雑音は気にしない！　ただし、完璧に治す義務を伴います。浅野勝人」（9月11日）

「自覚しています。白鵬翔」（同日）

9月13日、9月場所（東京・両国国技館）。

初日。白鵬、鶴竜、両横綱休場。横綱不在の初日の取組を見た荒磯（現・二所ノ関）親方、NHKサンデースポーツで、関脇・正代の優勝を予測。

「ゆっくり休ませていただいていますが、四股からやっとリハビリをはじめました。白鵬翔」（9月14日）

「四股が踏めるようになったと聞いてホッとしています。ジムを有効に使うといいかもしれま

せん。誰にも見られていませんから、手術の回復具合に見合ったトレーニングができます。浅野勝人」（同日）

「自分を甘やかさないようにします。白鵬翔」（9月15日）

頑張れるだけ頑張って、ぶざまな引退の姿を晒《さら》さないよう見守りたい。

中日。6勝2敗が9人。後半は5勝3敗の大関・朝乃山を含めて10人で優勝を競うことになる。白鵬欠場の土俵らしい風景。

千秋楽　　正代　　突き落とし　　翔猿

関脇・正代、13勝2敗で初優勝。熊本県出身力士の優勝は、大相撲史上初めてです。大関昇進を確実にしました。

「白鵬抜きの9月場所を白鵬自身がＴＶ観戦した感想は如何ですか。浅野勝人」（9月27日）

「横綱の責任をことのほか強く感じました。正代は心技とも一挙に充実した。ひと回りもふた回りも大きくなった。大関どころか、もうひとつ上（横綱）に十分耐え得る関取になりました。貴景勝、朝乃山と共にいい後継者が育ってうれしいです。自分の手術後の経過は、まだ本格的な稽古ができる体調ではありません。ご心配をおかけします。白鵬翔」(同日)

先日、たまプラーザ駅から乗車。着席後、直ぐ大声で「マスク忘れた!」とわめいて、ハンカチで口を覆いました。向かいの席の60歳位の男の人が「予備を持っていますから差し上げます」とマスクをくれました。丁重にお礼を申し上げ、氏名・住所を伺って、後日、「日下開山」押印の白鵬本にサインしてお届けしました。思いもかけず、返事をいただきました。

――早速拝読し、久々に爽やかな読後感に浸っています。最近感じているのは、事実が伝わってこないことです。マスコミには、何の脚色も無いありのままの事実を伝えてほしいと思います。そうでないと情報の受け手としての我々が、正しく事の是非を判断する機会が損なわれます。

白鵬関の相撲観には共感する部分が多いのですが、マスコミの取り上げられ方によって、印象が変化していました。今回、奇しくも浅野様の著作に接し、事実に対峙する事ができました。ここに掲載されているショートメールのやりとりは、事実そのものです。マスコミが意図的に切り取ってしか報じてくれない事の全体像が、詳《つまび》らかになった気がします。これでモヤモヤしていた白鵬関への印象を一新することが出来ました。
大変すばらしい著作にめぐり合えた事を、感謝いたします。――

この種の手紙、『孤独なひとり旅』出版以来、さまざまな方からいただいています。従来の外交・安保の専門書の折にはなかった経験です。とてもうれしい！

「ご無沙汰です。体調いかがですか。11月場所に備えて、十分な稽古が出来ていますか。出場するか、休場するか、判断は極めて重要です。土俵にのぼって、途中休場はもう許されません。案じています。親方や医師任せにしないで、ご自身で決めてください。浅野勝人」（10月23日）

「わかりました。やり抜きたいです。白鵬翔」（10月24日）

「報道で11月場所、休場と知りました。まだ膝が思わしくないからだろうと察します。横綱の判断を理解します。理解するとは――出場して途中休場となったら、引退に追い込まれます。その危惧を避けて、万全な体調で初場所にのぞむ。初場所にかける決断を理解したという意味です。初場所の休場は、体調の如何を問わず、理解は得られないでしょう。たとえ負け越しても、星取表に関係なく15日間、土俵を全うするのが絶対条件です。ただ、ただ、両膝が完治して、年末年始の猛稽古に耐え得る体調に回復することを期待しています。浅野勝人」（11月7日）

「初場所は大丈夫です。覚悟してのぞみます。白鵬翔」（同日）

「その決意が不可欠です。浅野勝人」（同日）

11月場所8日から、恒例の九州場所を東京・両国国技館に変更して開催。

白鵬、鶴竜、両横綱2場所続けて初日から休場。新たに昇進した正代、貴景勝、朝乃山の大関陣に期待。

「元大関・琴奨菊が引退届を提出しました。ひと言コメントをメールしてください。浅野勝人」（11月15日）

同日夕刻、白鵬から電話。15分ほどのやりとりを要約します。

「琴奨菊は根からの相撲好きで、いつ会っても相撲のハナシしかしませんでした。いつまでも相撲を取りたいと誰よりも強く願っていましたから、本人が一番無念に思っているにちがいありません。あの頃から関取だった最古参の三羽烏（白鵬、鶴竜、琴奨菊）がまた一人欠けました。私も寂しい。琴奨菊は、後進を心込めて育てるすばらしい親方になります」

「11月場所の休場は、万全を期すためにやむを得ないと思いました。初場所は〝待ったなし〟です」

「11月場所前、完治したと思ったのですが、膝を伸ばすと瞬間傷みが奔《はし》る。複数の専門医の先生からも休場した方がいいと言われ、自分で決断しました。やっと膝の痛みが消えて、十分、稽古が出来る体調になりました。初場所は、重大な決意でのぞみます」

「よかった！　年末年始は稽古あるのみ。初場所を最後の土俵と思って、悔いのない稽古をして、勝ち負けを超えた爽やかな境地に達することです」

「やり抜きます。見ていてください！」


3日目に朝乃山、5日目に正代がケガで休場。

中日、大関・貴景勝、ひとり全勝で折り返し。

13日目、番付表トップの大関と幕尻力士（東前頭17枚目）が11勝1敗同士で優勝争い。今年3度目の奇妙な土俵。

貴景勝　押し出し　志摩ノ海

下剋上は不発に終わりましたが、1年に3回も起きる〝奇跡的な取組〟は、横綱、大関の休場と無縁とは言い難い。いったい、土俵の広さおよび高さと土俵下に転落する力士の怪我との関連。力士の体調維持と本場所・巡業との適度な日程調整。力士の休息日義務付けや労災の適用など怪我の防止対策の科学的な検討などが必要ではないかと思います。

千秋楽。13勝1敗の大関・貴景勝と12勝2敗の小結・照ノ富士が優勝争い。

照ノ富士　浴びせ倒し　貴景勝

本割勝負の結果、13勝2敗同士で優勝決定戦。

貴景勝　押し出し　照ノ富士

貴景勝、自身2回目、大関としては初優勝。優勝力士のインタビューで「初場所は綱取りの土表になりますね」と水を向けられ、貴景勝は「強ければ勝つし、弱ければ負ける」と答えました。すべてのアスリートにとって、含蓄に富《と》んだことばです。

「横綱、大関不在の場所を視て、率直な感想はいかがですか。浅野勝人」（11月22日）

「横綱の休場は黒星と同じです。ケガのせいにはしたくありません。重い責任を感じています。横綱、大関が4人も欠けた場所を盛り上げ、ファンの声援に応えてくれた貴景勝、照ノ富士はじめ全力士に感謝の気持ちでいっぱいです。白鵬翔」（同日）

「それが〝横綱の責任〟というものです。初場所の土俵は責めを果たす最後のチャンスです。15日間、白鵬らしい土俵を全うする心身の技量を整えてください。浅野勝人」（11月22日）

「覚悟してのぞみます。師と仰ぐ双葉山関に恥じない土俵にします。白鵬翔」（同日）

11月23日、横綱審議委員会が2場所連続して休場した白鵬、鶴竜に対し、「注意」を決議した。事実上の引退勧告を意味する横審発足以来、初めての厳しい決議だそうです。

横審によると、両横綱が直近12場所のうち、それぞれ8場所全休ないしは途中休場し、休場日数が半分におよぶことを理由に挙げて「休みがあまりにも多い」と述べています。この間、白鵬が3回、鶴竜が1回、優勝したのはどう評価するのでしょうか。

横綱・稀勢の里は、連続優勝のあと2017年5月場所から引退表明をした2019年1月場所4日目まで、10勝5敗だった2018年9月場所を除いて、全休5場所、途中休場6場所、横綱在位36勝36敗、97休でした。2018年11月場所の5日目に休場した後、横審は「激励」の決議をしましたが、次の場所に引退しました。左上腕筋と大胸筋損傷の怪我を押してよくよく頑張りましたが、完治困難と判断して土俵を去る決断をしました。

ただ、日本人横綱は「激励決議」で、外国（モンゴル）出身の横綱は「注意決議」とはこれ如何と思います。「辞めよ」と言いたいのなら、はっきり「引退勧告」すべきでしょう。誰に言われなくても、大相撲トップの立場にある横綱は〝引き際〟は心得ています。「横審」にはいつも失望します。

「横審は、平成を支え、令和に挑む横綱の努力と膝痛に苦しむ胸の内を察する思いやりがない。気にしない！　気にしない！　浅野勝人」（11月24日）

「押忍《おす》！　白鵬翔」（同日）親しい男同士が交わすあいさつ「オッス」。転じて自我を抑えて我慢する意。

絶好調⇓一転、コロナ感染！

「とにかく3密はだめ。忘年会も新年会もなし。年末年始なし。かえって稽古に集中できます。体調は近来になくいいと聞いています。やるしかない。浅野勝人」（12月27日）
「絶好調です。稽古が楽しい。初場所、優勝をねらいます。この調子なら狙えます。白鵬翔」（12月28日）
「4場所ぶりに復帰の横綱にとって、優勝は秘かに狙うもの。おくびにも出さない。静かに一番一番取り組んだ結果を待つことです。たとえ優勝しなくても、15日間土俵を全うしたことに感謝すべきです。浅野勝人」（同日）
「わかりました。静かに燃えます。白鵬翔」（同日）

2020年―2021年は、コロナに暮れてコロナに明けました。

横綱・白鵬、コロナウイルスに感染――。1月5日、日本相撲協会発表。5日、PCR検査、陽性と判明。緊急入院したとのこと。

ウソでしょう。よりによってこんな大事な時になぜ！　想定外の事態にショックを通り越して茫然自失《ぼうぜんじしつ》。

知人、友人から沢山のメール。皆さんに同じ返事。

「ご心配をおかけしています。私も信じられませんでした。ただ、症状は軽いとのことですのでご安心ください。横綱本人が誰よりもショックだろうと察せられます。退院したら後遺症のケアに万全を期すよう申し伝えます。ありがとうございました」

白鵬が退院した時には、もう**初場所（1月10日、東京・両国国技館）**4日目でした。先場所優勝の大関・貴景勝にとって綱取りの場所でしたが、どうしたことでしょう、初日から4連敗。貴景勝は2勝8敗5休の惨敗でした。プレッシャーだけではないと推測していましたが、やはり怪我を押して土俵をつとめていました。

「横綱、後遺症は大丈夫ですか。退院後の診断が重要です。後遺症にはくれぐれも用心してください。貴景勝はケガが原因だったようです。綱取り、綱取りと言われて、休めなかったのでしょう。浅野勝人」（1月18日）

「後遺症は大丈夫です。体力が落ちたことのケアが気になっています。貴景勝は少し太り過ぎ

2009年7月、名古屋場所。優勝した横綱・白鵬に内閣総理大臣杯を渡す著者。（共同通信社提供）

です。怪我を誘発する元にもなりかねません。白鵬翔」（同日）

初場所は、また平幕力士が優勝しました。西前頭筆頭・大栄翔が13勝2敗、大関、関脇、小結を総なめしました。埼玉県出身力士の初優勝です。「賜杯があんなに重いとは思ってもみなかった」と初々しく述べました。実は、賜杯は28キロで重くありません。緊張のあまり、心にズシーンと響いたから、瞬間、重く感じたのでしょう。重いのは、賜杯に続いて授与される60キロの内閣総理大臣杯です。

前にも触れましたが、私は、政府の役職と大相撲との縁が深くて、橋本内閣の防衛政務次官だった折、1997年、名古屋場所で優勝力士の横綱・貴乃花。麻生内閣の内閣官房副長官の折、2009年、名古屋場所で優勝力士の横綱・白鵬に首相代理として内閣総理大臣杯を手渡す機会に恵まれました。土俵廻りの手慣れた若い衆が巧みに手を貸してくれて、自然に持ち上げた力持ちの格好にしてもらったのを鮮やかに覚えています。

「白鵬抜きだと平幕力士が優勝します。それにしても大栄翔は押し一筋で強かった。優勝力士にふさわしい実力を備えていました。浅野勝人」（1月25日）

「関取が大勢いる部屋の力士が優勝します。大栄翔は追手風部屋（人気の遠藤ら関取が一番多い）。十両で優勝した剣翔も追手風部屋です。ふたりとも相撲の名門・埼玉栄高校出身です。白鵬翔」（同日）

「将来の白鵬部屋は、関取を目指す多くの若者のあこがれの的となって、優勝力士をしばしば送り出す相撲部屋になってほしい。そのためには〝稽古はきびしく、されど日々楽しく〟頑張ることです。82年生きて来て、辿《たど》り着いたわたしの人生訓が〝仕事は厳しく、されど日々楽しく〟です。浅野勝人」

「ありがとうございます。いい心の師に恵まれて幸せです。白鵬翔」（同日）

「運命の3月場所が近づいてきました。準備は万端ですか。コロナ感染を感じさせない相撲を見せてください。浅野勝人」（3月2日）

「**膝にちょっと水がありまして**……なんとか頑張ります。白鵬翔」（同日）

「エッ！　前回の手術で完治したものと思い込んでいました。15日間、集中して土俵に上がる。それだけを祈ります。浅野勝人」（同日）

アレから10年、東日本大震災＝白鵬誕生日

またあの日がやってきました。2011年3月11日。東北地方が未曽有の地震・津波の災害に襲われました。東日本大震災から10年。あの日、26才の誕生日を迎えた白鵬翔も36才になりました。『毎日新聞』村社拓信記者の「白鵬　復活期す特別な春」が読ませます。

「当時、1人横綱だった白鵬は力士の先頭に立ち、被災者たちと触れ合った。その後も毎年被災地を訪れ、復興を祈願して土俵入りを披露してきた。

振り返れば、賭博事件で天皇賜杯を辞退した2010年、名古屋場所で全勝優勝。翌11年、八百長問題で春場所中止後に開催された5月の技量審査場所まで7連覇。コロナ下で無観客開

催となった去年の春場所でも優勝。角界が危機に見舞われるたびに土俵を締めてきたのが白鵬でした。

その後、膝の故障で休場が続き、1月にはコロナウイルスに感染して4場所連続休場に追い込まれた。白鵬が復活を期す春場所は、幕内在位100場所の節目となる。新入幕からの連続在位を大台にのせる記録に挑む特別の春をむかえる。」（毎日新聞2021年3月6日朝刊）

「東北大震災に寄り添って10年。横綱も36才になりました。円熟の歳月です。虚心坦懐、15日間土俵を貫くことを祈願しています。浅野勝人」（3月11日）

「懸命にやり抜きます。白鵬翔」（3月12日）

2021年3月14日、春場所（東京・両国国技館）

初日。

白鵬　寄り倒し　大栄翔

〈取り口解説〉

3場所全休明け。しかも先場所優勝、押し相撲の大栄翔が相手だけに立ち合いを注視。早く、鋭く踏み込み、右から張って左を差し込むと一気に寄って出た。大栄翔が白房下で右から捨て身の突き落としを見せたため、白鵬は傾いたが、身体を巧く預けて寄り倒した。まったく迷うことなく自分の相撲を取って勝ち名乗り。幕内在位100場所の記念すべき場所の初日を白星で飾った。故障さえ無ければまだいける」（杉山邦博）

「229日振りの白星。欲を出さずに一番、一番。浅野勝人」（3月14日）

「正直、ホッとしました。白鵬翔」（同日）

2日目。

白鵬　　小手投げ　　宝富士

勝つには勝ったが、去年、手術をした右膝を気にする素振りが気がかる。

3日目。休場届を提出。5場所連続休場。右膝大腿関節軟骨の損傷と関節水腫《すいしゅ》による手術・療養が必要。

「3月2日の横綱のメールに〈膝にちょっと水がありまして……〉とあった。ずーっと気になっていました。だから私にとっては突然の休場ではありません。やっぱりそうかと深刻な故障を案じています。力士としては十分過ぎる実績を残しました。将来、角界に貢献する第2の人生が待っています。5月場所も休んで、7月場所に進退をかける。〝引退するハラ〟をくっておれば、怖いものは何もありません。浅野勝人」（3月16日）

「以前にも申しましたが、横綱にとって休場は★（黒星）です。重い責任を感じています。ただ、専門医から手術を急がないと二度と相撲が取れなくなると言われました。苦しみ抜いた選択です。白鵬翔」（3月17日）

聞けば10年来の診療で白鵬の両膝を知り尽くしている主治医に、場所前から泊まり込みで付き添って治療をしてもらっていたとのこと。

19日、馴染みの「苑田会人工関節センター病院」（都内足立区）入院。杉本和隆病院長による右膝内視鏡手術。

「手術終わりました。軟骨の損傷の回復、リハビリに時間がかかりそうです。白鵬翔」（3月20日）

「泣く子とケガにはかなわない。長い人生のひと齣《こま》。泰然自若。ジタバタしない。浅野勝人」（同日）

第71代横綱、鶴竜が、24日、現役を引退しました。
大関だった2014年春場所、横綱・白鵬を破って横綱に昇進し、幕内優勝6回、通算785勝497敗231休でした。モンゴル出身ですが、去年（20年）12月に日本国籍を取得していますので、親方として角界に残ることになります。

「引退は早晩予想されたこととはいえ、琴奨菊に続いて鶴竜も土俵を去り、三羽烏が1羽になりました。7月場所は鶴竜への餞《はなむけ》に優勝して有終の美を飾りましょう。浅野勝人」（3月25日）
「鶴竜とは同世代ですが、モンゴルでの少年時代、知り合いではありませんでした。2001年に16才の彼が関取をめざして来日して、井筒部屋に入門した時、はじめて知りました。お互いに身体が小さくて痩せていたから、私も彼も、将来、横綱になるなんて思ってもみなかった。ただひたすら稽古に励み、トップまで登りつめた努力の人だから、親方になったら真面目で温厚な人柄がいい力士を育ててくれるにちがいありません。白鵬翔」（3月26日、白鵬から電話あり。手術の様子や経過、鶴竜への思い、心境を吐露）

「東京駅の秋」（熊谷一雄　作）

千秋楽。

照ノ富士　押し出し　貴景勝

関脇・照ノ富士、12勝3敗で3度目の優勝。21場所ぶりの大関復帰を確実にしました。満身創痍《まんしんそうい》の心身を克服して、序二段から這い上がった意地と精神力に敬服。横綱に一番近い力士に浮上しました。膝や足首の故障が再発しないように祈るのみです。ケガとの葛藤に苦しむ白鵬の胸の内を思うと尚更です。

「5月場所の白鵬に期待するとおっしゃっていただきましたが、右膝の故障は、皆さんが想像している以上に深刻のようです。5月場所の出場も望めません。横審に言われるまでもなく、7月場所に進退をかけることになります。実は、3月場所、初日から連勝して好調と映ったかもしれませんが、2日目、勝ったあとまた水が溜まっているのがみつかりました。精密検査をした結果、軟骨の損傷がひどく、直ぐ手術をしないと相撲を取ることが困難になると診断されてショックを受けたようです。3日目から休場した真相です。将来、親方として若い力士に胸を貸すことさえできなくなる懸念がありました。時間をかけて治療に専念して、7月場所にのぞみ、〝白鵬らしい〟さわやかな進退を見せてほしいとねがっております」（大阪・泉大津の白鵬ファンからの手紙へ返信）。

2021年5月9日、5月場所――東京両国国技館、無観客で初日

横綱不在の場所は、何かが欠けていて物足りない。今場所賜杯を抱く力士が「横綱に勝って優勝した」と言えない白鵬休場の責任は重い。そのことを誰よりも自覚している横綱を責《せ》めるのは忍びない。

「心穏やかに、軟骨の蘇生を待つ。自らの体調を整える一方、気力を充実して、石浦、炎鵬、

部屋の関取・力士の指導に心込めて取り組んでください。浅野勝人」（5月場所初日）
「わかりました。了解です。深い心配りに感謝いたします。白鵬翔」（同日）

大関・朝乃山が緊急事態宣言の最中、深夜のキャバクラ通いが発覚しました。「事実無根」と否定しましたが、週刊文春は1回や2回のフライングでは書きません。証拠の写真を添えて常習犯と確認したからに相違ありません。ウソの言い訳をして事態を悪くしました。ガイドライン違反は、前頭筆頭から幕下まで降格させられた阿炎、謹慎中の竜電に次いで3人目です。特に朝乃山は白鵬に次ぐ本格派の横綱と期待していただけに残念至極です。
「朝乃山は他山の石です。人々の模範となるべきアスリートが正気の沙汰とは思えない。横綱自身および部屋の力士に、改めて厳重な注意を促します。ガイドライン違反は角界追放と心得よ。浅野勝人」（5月20日）
「自覚しています。改めて心を引き締めます。白鵬翔」（同日）

千秋楽。大関・照ノ富士が大関・貴景勝に敗れて12勝3敗同士で並びました。優勝決定戦。

照ノ富士　　はたき込み　　貴景勝

照ノ富士は大関復帰場所で4回目の優勝です。来場所は綱取りに挑みます。今場所の圧倒的な強さを維持したら、横綱昇進間違いなしと思われます。

白鵬との対峙――日本社会の試金石

場所中、白鵬の親方資格をめぐって「年寄資格審査委員会」で綱引きがありました。このため、今井環委員長（相撲協会理事）から白鵬に直接、相撲道の伝統、しきたり、親方としての心構えについて厳しい指導がありました。今井委員長の厳格・公正な審査をパスして、年寄名跡「間垣（まがき）」の継承が全会一致で承認されました。あとは月内に開かれる理事会の了承を待つだけです。これで親方への道が開かれ、残りの土俵を心置きなくつとめられます。

縁とは摩訶不思議なものです。今井環は、その昔、内閣記者クラブ（首相官邸）で、NHK浅野キャップ、今井記者として一緒に仕事をした仲間です。偶然とは申せ、40年の歳月を経て奇遇としか言いようがありません。あの頃、際立って有能だった若者は、後にNHK理事となり、今日、大相撲発展のため貢献していることを知りました。

相撲協会に欲を申せば、白鵬には一代年寄を認めてやって欲しかった。

一代年寄とは、その横綱一代限りに認められる年寄名跡ですが、引退時の四股名をそのまま使えるのが魅力です。「間垣親方」ではなくて「白鵬親方」となります。条件は、優勝20回以上、日本国籍であることだそうです。これまでに一代親方が認められた横綱は、大鵬、北の湖、千代の富士、貴乃花の4人です。優勝44回、日本国籍取得済みの白鵬が認められないのは、やはりモンゴル生まれ、外国人出身の横綱だからなのでしょうか。寂しい思いがいたします。

知人の東大相撲部OBで、元防衛装備庁長官・深山延暁が、書簡をくれました。

「白鵬をめぐる〝あつれき〟は、実は、これから真の意味で国際化していく日本社会があちこちで味わうことになります。朝青龍は強い横綱でしたが、モンゴルへ帰国してしまいました。ある意味、カルロス・ゴーンを彷彿とさせます。しかし、白鵬はこれから相撲協会に残り、親方として弟子を育成し、協会の運営にも携わることになるでしょう。どうやって『親方・白鵬』を大相撲界の〝戦力〟として育てていくか、相撲協会だけでなく、日本社会の試金石のような気がします。そのためには、浅野先生のアドバイスがいっそう重要になります。厳しい諌言を白鵬が肝に銘じて受け入れている姿が、垣間《かいま》見えるからです」
「横綱に、いま、なんと言ってアドバイスするのが適切か――進退は、結果を踏まえて自らの判断で決めるしかない。ただ『惜しまれて引退する』とはどういうことかよくよくご自分の心に刻んでください。浅野勝人」（6月27日）
「ありがとうございます。明日、名古屋（7月場所）へまいります。白鵬翔」（同日）
「長い間、気苦労をかけたが、7月場所が最後の土俵になるかもしれない」――名古屋場所へ向かう白鵬は、さりげなく紗代子夫人に言いました。
「わたしは横綱を尊敬しています。横綱の家族として幸せな人生を過ごしてまいりました。十分です」紗代子夫人は慈しみを返しました。そして、4人の子供たちと一緒に、最後になるかもしれない千秋楽の土俵を見守りに名古屋へ行くことにしました。

右膝ボロボロの白鵬――全勝優勝

2021年7月4日、名古屋場所（ドルフィンズアリーナ）

「なみなみならぬ決意でのぞむ場所。ひたすら無事を祈っています。浅野勝人」（7月4日、朝）

初日。

白鵬　掛け投げ　明生

〈取り口解説〉

白鵬の初日は、相撲ファンだけでなく、日本中が注目。白鵬登場に万雷の拍手。横綱が東の控えに入った時、右足を斜め前に伸ばしたまま、あぐら組みしなかった。初めての姿が気がかり。白鵬は右から張って、得意の右四つではなく、いきなり左四つになった。踏み込み十分で左下手まわしを引きつける。明生が出ようとしたが、タイミングよく左下手投げを放った。明生が右外掛けで防ぐのを意に介さず、左足を内から跳ね上げて横転させた。文句なしの勝利。白鵬は、まだまだやる気十分とみた。（杉山邦博）

「やはり白鵬の土表入りはいい」「久々なのにさすが！」「土表に風格がある」「まだまだがんばって相撲の神髄を見せてほしい」「引退の姿に感動したい」etc……初日の勝利にあちこちか

らメール殺到。まるで優勝したみたい。お相撲ファン、白鵬ファンのさまざまな思いをいただきました。

中日。8勝0敗。全勝で折り返し。幕内在位102場所で中日に勝ち越し51回目。

「全盛期よりどっしりと安定している。呆《あき》れるほど強い。実は酷《ひど》い怪我の後遺症は避けられないと覚悟していたので、連敗、休場で引退やむなしと思っていました。正直申して想定外の土俵に、唯々驚いています。千秋楽まで膝に水が溜《た》まらないよう祈っています。浅野勝人」（7月11日）

「身体《からだ》がよく動く。久々の取組なのに不思議なくらい。初日に勝って落ち着いたみたいです。白鵬翔」（同日）

「安保研レポート届きました。毎号、読むのを楽しみにしています。白鵬完全復活。きょう、あす勝って全勝優勝間違いなし。ことばでは表現できない凄《すご》さです。まだまだいけます。日本郵政役員・福本謙二」（7月17日、午前）

「わざわざメール恐縮！　半端ない怪我の影響は避けられないので、7月場所で白鵬引退を想定していました。ここ2年余り、右膝に水が溜まらなければ優勝。途中、水がたまると足が動かなくなって休場の繰り返し。ですから、今場所は足引きずってでも15日間土俵に上がることが出来れば十分と思っていました。ところが勝ちっぱなし。こんな宇宙人みたいな超人は、われわれ凡人には計り知れないことを改めて諭《さと》されました。浅野勝人」(同日)

14日目。

白鵬　寄り倒し　正代

「昨夜は寝付かれないまま、あれやこれや思いを巡らせました。どう考えても正代には勝てない。正大は圧力と腰が強いので、まともに当たったら得意の左を差され、右膝が伸びて動けなくなる。妙手を思いつかないまま寝入ってしまう。今朝、改めて考え考えた末、まともにぶつかるのを避けるには、土俵ギリギリまで下がって仕切るしかない。十分の間合いを取ってから右を差し、自分のペースで一気に攻めれば、寄り倒すことが出来る。ねらい通りにいきました。

千秋楽、明日の照ノ富士には、横綱15年間のすべてをかけて〝無策の策〟で当たります。必ず勝つ。

横綱は〝勝つ〟宿命を背負っている。あらゆる技を駆使して勝ちに行くのが横綱です。きれいごとではその責めを果たせない。白鵬翔」（7月17日、千秋楽前夜。白鵬から電話）

横綱・白鵬、14勝0敗、大関・照ノ富士、14勝0敗。

千秋楽、全勝同士のぶつかり合いは、大相撲史上6回目。昭和35（1960）年春場所、栃錦VS若の花、全勝の横綱同士の大相撲史に残る名勝負があります。

千秋楽。

白鵬　　小手投げ　　照ノ富士

〈取り口解説〉

照ノ富士に対して真っすぐ左手を伸ばして、右手をくの字にしてカチ上げ。互いに張り合ったあと、直ぐ右四つ左上手を引き、照ノ富士に上手を与えず、十分になった。さらに左から思い切って上手投げ。残されて上手回しを切られたが、ここで休まなかったのが勝因。小手投げを連発して照ノ富士を横転させた。見事な勝利への執念に感服！（杉山邦博）

横綱在位15年で45回目の優勝。全勝優勝は16回。

咄嗟《とっさ》にアメリカで「野球の神さま、ベーブ・ルースに匹敵する」と評価されている大谷翔平選手が連想されました。名前が同じ「翔」です。「相撲の神さま・双葉山に匹敵する」としか言いようがないと思いました。まさに2021年7月の名古屋場所は、「Show Time（翔タイム）」でした。

優勝力士インタビューで「右膝がボロボロ。言うことをきかないので、この一番に全てをかけました」と吐露《とろ》。「**この一番に全てをかけた**」とTVインタビューで答えたのは、今場所で引退する意思表示と、わたしには〝響きました〟。胸にこみあげる万感の思いを押し殺しました。

「〝**相撲の神さま・双葉山に匹敵する**〟としか言いようがない。これで、さわやかに身が処せます。浅野勝人」（7月18日、千秋楽）

めずらしく白鵬から返信無し。

八角理事長は「厳《きつ》い体調にもめげずに、1人横綱として、全勝優勝で締めくくったのは立派だった」と評価しました。

　舞の海のNHK・TV解説には、壊れた膝に堪《た》えて勝ち抜いた横綱にひと言の評価もない。かねて、白鵬に対して批判するだけの言いぶりだが、とりわけ、命をかけた力士の生き様《ざま》が大相撲の歴史に語り継がれる日に批判だけはないでしょう。全知全能を傾けて勝利する姿を評価できない頑《かたく》なな語り口は、スポーツにあこがれる子供たちにどんな影響を与えているか。NHKの大相撲解説者にふさわしくない。

　舞の海に「そんなことまでやって勝ちたいか」と問われたら「そんなことまでやって勝ちたい」と答える。横綱は出る以上は勝たなければならない。まして、1人横綱は針の筵《むしろ》の上に立たされても、なりふりかまわず勝ちにいく宿命にある。舞の海には、〝横綱〟がわからない。

「横綱審議委員会」は頬被《ほっかむり》できないから、勝つには勝ったが、取り口が「らしくない」とケチをつけるのがいつもの言い逃れです。勝利することに命を懸ける〝荒ぶる魂〟はわからない。白鵬は、なによりも〝アスリート〟でありたいと思っている。自分は、常に勝利をめざす〝スポーツ選手〟でありたいと願っています。ネットによると、「白鵬の勝ち方は最低、問題外」と発言した委員がいる。大相撲をまるで〝見世物文化〟と勘違いしている。「アスリートの真の美学を理解できないあなたこそ最低、問題外」

「全勝優勝の機会に引退したらオトコだが、そんな芸当はできないのが〝人の常〟。日本中の相撲ファンは、秋場所、また怪我に苦しみながら優勝をめざす白鵬を観《み》たい。そして、いずれズタズタになって土俵に散る自分の姿がわかっていても、遮二無二突っ込むのが〝人の常〟。ボロボロの膝をかかえて、もがき苦しむ白鵬は見たくない。真《まこと》の勝負師という歴史に残る進退を示して、20年先の相撲協会理事長にふさわしい態度を見せてほしい。現役の兵《つわもの》に、そんな深遠な理念を求めるのは酷《こく》だと思いつつ、万にひとつ、今ここで引退の決断に一縷《いちる》の夢をかけています。西邦建設会長、西口康博」（7月18日、LINE）

千秋楽、翌々日——。

「**Olympic 終わったら、引退します**。いつもありがとうございました。感謝の気持ち、ことばに尽くせません。白鵬翔」（2021年7月20日、15時49分）

「よく決断しました。敬意を表します。浅野勝人」（同日、同時刻）

あっさりと引退を伝える突然のメールに指先がしびれて返信に手間取りました。全身の震えが止まりませんでした。

思えば、41年前のことです。——『日中秘話　融氷の旅』（浅野勝人著、青灯社）から転載。

…昭和55（1980）年6月13日、大平正芳首相が心筋梗塞で亡くなりました。後継首相は混とんとして絞り切れませんでした。人選大詰めのある深夜、鈴木善幸邸の裏木戸から台所へ忍び込みました。

幸い、さち夫人がまだ起きておいでで、

「浅野さん、このところすっかりお見限りだわねぇ。10年の余、朝、晩欠かさず顔を見せてくれていたのに、あなたも随分と冷たい人ねぇ」顔を見るなりの言われようです。

「恐れ入ります。ぼくキャップになったものですから、全員の面倒みる立場になりました。ですから、わたしの代わりに宮本記者が毎日お邪魔しています。宮本パンダです」

「身代わり派遣していいご身分だわねぇ。そりゃそうと、浅野さん、お父さんが総理大臣になるんですってよ。日本はそれでいいのかねぇ」

相槌を打つわけにもいかず、痺《しび》れました。記者稼業、一生に二度とない超ド級の特ダネです。

「昭和新山が、もうひとつ出来るみたいなものよ。」

「はァ」と言ったまま、ことばがつながりません。

「あなたに大事なお願いがあります。総理大臣のお父さんが日本の邪魔になるようなことがあったら、真っ先に、私に言って頂戴。わたしが辞めさせます。これはとても大切なことです。

白鵬と著者（安保政策研究会会友・椎名芳秀　撮影）

忘れちゃダメ！」

鈴木善幸（第70代首相）夫人はこともなげに言いました。……

（翌朝のＮＨＫニュース「次期総理は鈴木善幸氏。自民党の政局収束へ」特ダネが報じられました。）

あれ以来の衝撃でした。

「八角理事長、尾車事業部長、宮城野師匠、協会の了解を得て引退を発表することにします。まだ戦える、と応援してくれている大相撲ファンに納得してもらえるよう、9月場所のことも考えた上で、ルール・しきたりに沿って段取りを進めます。白鵬翔」（7月20日、16時10分）

「おっしゃる通りです。協会の方針に従って、齟齬《そご》のない引退表明記者会見が行われることを待ちます。有終の美は、親方としての門出の祝いでもあります。浅野勝人」（同日、16時15分）

「勝つことよりも大事なことがある。自ら得心のいく〝行〟を生涯全うすることです。白鵬翔」（7月20日、16時30分）

「横綱、あなたが云うと説得力がある。いい親方になる。浅野勝人」（同日、同時刻）

――完――

―付記―

横綱・白鵬から現役引退の決断を知らせるメール（7月20日）をもらい、読者の皆さまに、即刻、報告したかったのですが、今日まで約50日を要しました。

白鵬は、オリンピックが終了したら、八角理事長はじめ協会の了解を得て、直ちに引退記者会見をする予定でした。ですから、改訂版は、記者会見を待って出版する準備を完了していました。ところが、9月場所との兼ね合いやさまざまな仕来《しきたり》から、協会の了承に手間取っているうち、9月2日、宮城野部屋にコロナ感染者が出て、クラスターの懸念が発覚しました。協会員全員のＰＣＲ検査を行う事態となり、宮城野部屋は力士18人全員、9月場所休場となりました。横綱の引退手続きどころではありません。予期せぬ出来事が起きたため、9月場所千秋楽（9月26日）を待って、引退届が受理され、正式に現役引退が決まりました。早速、印刷を開始。やっと出版に扱《こ》ぎ付けました。

7月20日に「引退」のメールが届いて、いち早く改訂版の手はずを整えていながら、出版の時期が大幅に遅れた事情を申し添えさせていただきます。

（著者）

＜特報！＞

『改訂版』が、多くの出版社が加盟する協会「政刊懇談会」（会長・荘村明彦）の第21回「ほんづくり大賞」の特別賞を受賞しました。

『改訂版』は、引退を決意する白鵬翔の正直な胸の内を加筆した続編です。ひとり横綱の重責と相撲道のあり様《よう》との狭間で苦悩する並はずれたアスリートの〝生き様《ざま》〟を赤裸々に記述したことが評価されたのだそうです。とりわけ13章が受賞の対象になったと聞いております。

大賞は逸しましたが、プロ作家の作品に交じって、いわば大賞に匹敵する特別賞を受賞して

右から／白鵬翔と紗代子夫人、著者（ほんづくり大賞特別賞の賞状と楯）

たいへんうれしく満足です。日本・スロバキア友好議員連盟会長を28年間勤めて、日本大使館の設置や黒海からカスピ海まで中央ヨーロッパ縦貫道路の端緒となったブラチスラヴァ首都高速道路の建設に寄与したことなどを理由に、スロバキア共和国からアジアでただ一人の「白十字二重章」を受賞した時以来の喜びです。

唯一のシロウトの著作が認められたのは、読者の皆さん、白鵬ファンの皆さんの応援のおかげです。心から感謝申し上げます。

〈改訂版〉
白鵬 翔とのショートメール！
孤独なひとり旅

2020年４月29日　初版第１刷発行
2020年６月19日　初版第２刷発行
2021年10月30日　改訂版第１刷発行
2022年２月18日　改訂版第２刷発行

企画・制作―― 一般社団法人 安保政策研究会

著　者―― 浅野勝人（安保政策研究会理事長）

発行者―― 米盛康正
発行所―― 株式会社 時評社
〒100-0013　東京都千代田区霞が関３－４－２
電話：03（3580）6633　FAX：03（3580）6634
https://www.jihyo.co.jp

印　刷―― シナノ印刷株式会社

ISBN 978-4-88339-288-9